片岡徳雄先生追悼出版物刊行委員会 編著

片岡徳雄、その仕事

——学校教育と文芸への思い

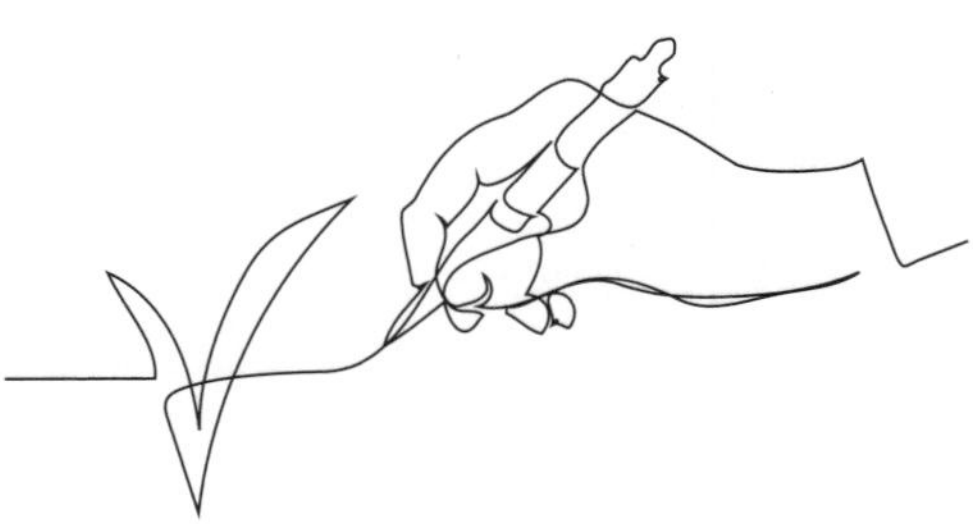

黎明書房

はじめに

本書は、広島大学名誉教授片岡徳雄先生のご功績を記念して出版されました。

先生は令和二年二月二八日に満八九歳で永眠されました。葬儀はご家族のみにて執り行われ、後日、奥様から私たちにお知らせがありました。かねてより療養されておられることを伺っておりましたが、長寿でのご永眠とはいえ教え子にとっては寂しい限りで、学恩をどのように表わしたらよいかを語りあいました。墓参りをさせていただこうかとか、偲ぶ会を開催したらどうかなどの意見がありましたが、ちょうど新型コロナの感染が国内でも発生し始め、四月初旬には七都府県に緊急事態宣言が発出されるに至り、断念せざるを得なくなりました。その後、大学院時代の先生の教え子有志と先生が長年指導されておられた「個を生かし集団を育てる学習研究協議会」（略称、個集研）の関係者との共同による記念図書の企画が持ち上がりました。以後、片岡徳雄先生追悼出版物刊行（準備）委員会を組織し、山崎と須田康之氏（個集研会長）を中心にお世話をさせていただきました。途中、紆余曲折がありましたが、各位から先生のご業績に関する解説論文と先生のご指導に関する思い出や近況等に関するエッセイを寄せていただくことができました。先生の図書や雑誌を長年刊行してくださった黎明書房から本書を刊行できることになったことは大きな喜びであります。

先生は新制広島大学教育学部教育学科と同大学院教育学研究科の第一期生として卒業・修了されて以来、戦後新しく生まれた教育社会学の研究のパイオニアとして活躍されました。刊行された著書・編著は五六冊にのぼり、うち単著は二〇冊もありました。さらに翻訳書は七冊、学術論文は九二篇、啓蒙雑誌論文は二〇〇篇を越えております。質量とも日本の教育学界を代表する研究者として活躍されただけでなく、全国の学校で教鞭をとっている教員にむけた著書・論文を多数出され学校教育の振興に貢献されました。

先生のご研究の領域は多岐にわたっております。アメリカで発達した小集団の社会学研究を基盤に小学校の授業を観察するなかで着想を得て独創的な学級集団研究を開拓されました。さらに個を生かす学級集団づくりの理念とその実践にも取り組まれ、全国の学校教員に指導上の示唆を与えました。先生の学級社会学は教育社会学の中では教育的社会学（Educational Sociology）に近いスタイルの研究であったといえます。これは戦前期に師範学校、中学校・高等女学校の教員を養成していた高等師範学校と文理科大学を母体として生まれた広島大学の教育学部にふさわしいものであったと思います。

先生は、学級集団の主要著作をおおかた刊行された一九八〇年頃に、学校における教育内容、文芸の教育社会学研究を開始されました。これらは少年時代から長年胸の中に温めておられた問題意識を研究のレベルで行ったものと理解しておりますが、先生ならではの独創的な単著を退職前の数年間に出版されました。

先生は広島大学教育学部教授という職責の重さを痛感しておられ、毎日休むことなく研究と執筆に全力を注がれ、多大な独創的な研究成果をあげられ重責を果たされました。

本書は、大きく三つの部から構成されております。

第一部は、先生のご業績の解説であります。先生のご研究の領域を、学級集団の理論、個性教育・感性教育、子ども文化・文芸の研究の三つに分け、教え子に解説していただきました。続いて留学生の教え子による先生のご研究に関する論考と、先生のご経歴と教育学部長としてのご活躍に関する解説を掲載しました。

第二部は、先生のご研究のエッセンスが現れたご著書等からの抜粋です。まず、平成六年二月に行われた広島大学での最終講義の口頭原稿を掲載しました。なぜその研究を行うようになったか、その動機やきっかけが生きた言葉で述べられている初公開の貴重な文献であります。続いて、先生の著作物から三つの文章を掲載させていただきました。学習集団の研究については単著『学習集団を創る』（黎明書房、一九七一年）の一部、文芸の教育社会学では編著『教育社会学』（福村出版、一九八九年）から第十一章「マスコミと文芸」の全体、個性教育では単著『個性を開く教育』（黎明書房、一九九六年）の第二章を掲載させていただきました。

第三部は、広島大学大学院教育学研究科博士課程（後期）で先生のご指導をうけた者と、全国各地で個を生かす集団づくりの活動に携わられた方々によるエッセイです。当時の先生からのご指導と先生の人柄の一端を紹介していただきました。原稿をお寄せ下さった各位に厚くお礼を申し上げます。

最後になりましたが、出版を快く引き受けて下さったうえに、玉稿を寄稿して下さった黎明書房社長武馬久仁裕様にお礼を申し上げます。

令和四年二月

片岡徳雄先生追悼出版物刊行委員会を代表して

山 崎 博 敏（兵庫大学教授・広島大学名誉教授）

目次

I

片岡教育社会学——その業績と解説

1 「個を生かし集団を育てる」学習集団づくり理論

新富康央

片岡徳雄の学習集団づくり理論

「(個集研) 大会の会場に入って扉を開けて見回すと、そこには誰もいない。ハッとして、目が覚めたものです」。これは、片岡徳雄先生が広島大学退官に際して語られたご自身の夢の話である。その二十数年後、それがわが身に降りかかる夢になろうなどとは、当時は思ってもいなかった。実は、筆者は、平成一三年度より前会長の相原次男氏から引き継いで、片岡先生が育てた「全国個を生かし集団を育てる学習研究協議会」(略称「個集研」、平成六年に「全集研(全国集団学習研究協議会)」より改名) の第五代会長に就任することとなった。年始恒例の「箱根駅伝」で言えば、距離は短いが厳しい山登りの第五区である。

結果的には、箱根駅伝第五区で話題となる「山の神」には遠く及ばなかったが、何とか襷を、折り返し復路第六区の須田康之先生につなぐことはできた。現在、須田先生が、折り返しの復路ということで、新生「個集研」の構築を目指しておられる。本協議会を、きちんと立て直すことはできなかったお詫びとして、片岡先生が推し進めて来られた学習集団づくり理論とは何か、その根底となす理念を、片岡先生の偉大なる足跡に比して、限られた紙幅の中ではあるが、自分なりに総括しておきたい。それはまた、ある意味の追悼文というだけでなく、長年提出できないままでいる片岡先生からの宿題への回答でもあろう。

『平成二〇年小学校学習指導要領解説・特別活動編』において、画期的な言葉が登場した。それは、「個が生きる集団活動」という文言である。「特別活動の指導に当たっては、個々の児童が互いのよさや可能性を発揮し、よりよく成長できるような『個が生きる集団活動』を展開する必要があることから、……」（同右、九頁）と明記された。当時の小学校特別活動の文科省教科調査官は、杉田洋氏である。本協議会の教育指針を彷彿させる文言が、初めて『学習指導要領解説書』に踊ったのである。これはまさに、片岡先生をはじめ先輩諸氏が、長年、切望されていた文言である。本協議会の教育理念が、公的にオーソライズ（権威付け）されたと言っても過言ではない。また、「個が生きる集団活動」の文言の挿入は、特別活動を通して、これからの学校教育のあり様を追究している杉田先生から私たちへの、叱咤・激励でもあろう。

片岡理論については、本協議会発足時より、私たちを支え、応援している黎明書房の出版物や特集号の表題からも推測される。その一部を紹介する。「容認・支援による意欲づくり」「個を生かす集団学習」「支持的風土づくり」「疎外から集団参加へ」「班長のいる班から班長のいない班へ」「だれにも出番がある学校」「一人一役の学級づくり・授業づくり」「心のよりどころとなる学級づくり」「全員参加の学級づくり」「問題を持つ子を生かす」「認め合い、支え合い、みがき合う学級づくり」「自己教育力を高める」など、枚挙にいとまがない。傍線部は全て、片岡先生指導の「個集研」の教育理念を表象する文言である。

しかし、皮肉なことに、これらの標語が、本協議会と対立軸にある「全生研（全国生活指導研究協議会）」でも使われるようになった。片岡先生は憤慨されていた。しかし、それは、これら個集研の教育標語が先駆的な教育実践理論であることの証左とも言えよう。

なお、「個集研」のこれまでの歩みについては、本協議会のホームページの「私たちの歩み」に掲載されている。また、片岡理論に基づく実践的技法については、『全員参加の学級づくりハンドブック』(片岡徳雄編著、昭和五六年)、『全員参加の授業づくりハンドブック』(片岡・倉田侃司共著、昭和五九年)、『全員参加の学級・学校行事づくりハンドブック』(片岡・高旗正人共編、昭和六二年)の三部作を参照されたい。また、片岡理論の拠って立つ教育思想については、今日、古典的名著にも挙げられている『集団主義教育の批判』(片岡徳雄編著、昭和五〇年)がある。どれも、黎明書房刊で、片岡先生の「個集研」への思いがこもっている。

本書の「思い出の部」において、筆者は、片岡先生を「いごっそう魂」の研究者と評した。土佐地方の方言で、意固地だが、気骨のある反骨精神の人という意味である。それは、片岡先生の教育実践論においても、同様である。それは、当時の教育界の「常識」や慣習にメスを入れた革新的理論であった。そして、それが、今日では教育界が進むべき指針・方向となった。筆者の分析では、自己判断力、自己決断力、自己教育力、自主性・主体性などの言葉が導入された昭和五〇年の学習指導要領改訂頃から始まる。その動向を牽引してきた主要な理論の一つが、「個集研」の片岡理論と言えよう。

片岡先生は、常に個々の教育実践の「具体」で語ってきた。それは、日々教育実践で苦悶・苦闘している教師にとっては良さであった。それ自体、現場教師の共感性は高かった。しかし、それらを理論的に総括することは困難を伴うことである。「新富君、それは違うよ」という懐かしい片岡先生の声が聞こえてきそうだが、ここでは敢えて、片岡教育実践理論の革新性という観点から、以下の三つに概括しておきたい。

片岡理論の革新性――学校教育の再構築の視座から――

(1) 「全員出席」の発想から「全員参加」の発想へ

当時は既に、「そろえの教育」は、理論的には批判されていたが、実際は根強く横行していた。「そろえの教育」を批判する教育家も少なくなかったが、その多くが、革新的とは言えなかった。否、片岡先生は、そう見た。「全員参加」の教育を説いていたとしても、それは筆者の比喩する「豆腐づくり」であった。すなわち、見た目は揃って美しいが、材料となっている個々の大豆はすりつぶされている。それを筆者は、「全員出席」の論理ととらえた。

「全員参加」の教育と、誰もが言うが、その内容は、「全員発言競争」「ベル着（チャイム着）競争」など、ある特定の一つの尺度で評価され、強制的、形式的に強要された「全員参加」である。それに対して、片岡先生は、一人一人の凸凹許されてよいし、多様な観点の評価で（例えば「各班特色主義」）、その子なりに持ち場を得て、存在感を持って主体的に参加されるべき、と訴える。例えば、社会的承認を保障する「一人一役（多役）」や「輪番制」などの手立てが使われる。片岡先生は、子どもたちは、たとえ見た目は美しくなくても、一人一人が場に応じて輝き、存在感を示して欲しい、と願うのであった。「持ち場を得て、子どもは光る」である。「あなた班長、私ただの人」だけは、絶対に避けるべきと唱える。

筆者はそれを、先の「豆腐づくり」に対比して、「納豆づくり」と称したいと思う。納豆は、豆腐に比して、大豆の一粒、一粒が活きていて（個性）、しかも互いに粘り合っている（連帯性）。つまり、「豆腐づくりから納豆づくりへ」という教育標語である。「納豆づくり」の状態こそ、真の「全員参加」と言えよう。

ともかく、片岡先生は、当時の「全員参加」の理論の実践的欺瞞性を追及したのであった。片岡理論において、真の「全員参加」のあり様が提唱されたのである。

⑵ 「良い子」モデルから「三つの目」（受容）モデルへ

片岡理論の第二の革新性は、「良い子」（教育団体によっては「核」）をモデルにして、集団をまとめ上げるという、ある意味、教育界で常態となっている学校文化に対する鉄槌であった。

障害児教育において指針となっているのは、非指示的カウンセリングによる精神療法を提示したロジャース理論である。すなわち、「容認（受容）――支援（支持）――自律」の理論である。

ここで肝心なのは、教育活動が「人格の尊重」を優先する「受容」から始まるということである。では、実際の教育現場ではどうなるか。実際は、この逆になり易いのである。それは、学校教育の社会構造の中核に、教育評価があるからである。つまり、「人格の尊重」の前に「人格の賞賛」がある。「品行方正、学業優秀」な子どもが範（モデル）となって認められ〈自律〉、そのよさを支援された〈支持〉子どもが、「人格の尊重」を受ける〈受容〉。

それに真っ向から戦いを挑んだのが、片岡理論である。それを教育実践論で言えば、見つめる目（受容）、見つける目（支援）、見守る目（自律）の「**三つの目**」であろう。

「見つめる目」とは、子どもたちの能力や資質における個々のでき――不できと関係なく、本源的に持つ子どもたちの伸びたいという気持ちに信頼を置くことである。無条件に人格として受け止めてやることである（**受容**）。すなわち、これは「人格の尊重」の側面である。

「見つける目」とは、「見つめる目」によって得た信頼関係により、一人一人の子どもたちのきらりと光る「よさ」を見つけ出し、支援してやることである（**支援**）。

「見守る目」とは、「見つける目」によって獲得した、その子どもとの精神的な絆＝心のパイプを基盤にして、賞罰などの教育指導によって、見つけたその子の「よさ」を伸ばし、心身の発達・成長を促すことである（**自律**）。すなわち、これは「人格の賞賛」の側面である。

これら「三つの目」の出発点となるのは、やはり「見つめる目」である。「見つめる（受容）」という教育活動は一見、簡単そうに見えて、実は何よりも困難である。少なくとも、学校教育においては。例えば、生徒指導の教則本などには、必ずと言ってよいほど、「その子のよさを見つける」と書き込まれている。だが、教育理念・信条としては理解できるが、「問題を持つ子」から、容易にその子の「よさ」を見つけることは困難である。実は、その子のよさを「見つける」前に、「見つめる目」が必要なのである。

しかし、残念なことに、「見つめる目」の困難性は、先に述べたように学校教育の社会特性に由来している。実は、学校教育の社会文化的脈絡は、どちらかと言えば、「見守る目」（人格の賞賛）から「見つける目」（人格の尊重）への方向に動くという構造を持っている。なぜならば、学校社会における教育活動は、恒常的に評価を伴う活動だからである。学校は、主要には「わかる（知識理解面）、できる（技能面）、よい（道徳態度面）」の三つの評価観点で、「賞賛」されることが優先される社会である。学校は、人として「賞賛」されるがゆえに、人として「尊重」される社会でもある。つまり、学校社会は、「見守る目」（人格の賞賛）から「見つめる目」（人格の尊重）に至るという構造を内包している。「三つの目」の教育理念のように、まず人格として「尊重」され（見つめる目）、その発展の上に、人として「賞賛」される（見守る目）というようには、成り難いのである。

片岡先生は、ある意味タブーともいえる、この問題に挑戦した。それは、「良い子モデル」ゆえに、教師の子ども理解・生徒理解の困難性に基づく、学校が今日抱える各種の教育トラブル解決への方途を探る戦いでもあった。

片岡先生は説く。「受容」は決して甘やかしではない、と。「人格の尊重」を得た子どもにとっては、言い換えれば、認めてもらった喜びを知った子どもにとっては、他者の期待や信頼に応えようとする、ある種の厳しさである。片岡先生は、日本には叱責や罰の厳しさはあるが、他者から信頼されるという厳しさがもっとあって良い、と主張した。しばしば、太宰治の『走れメロス』を例に出されたのを思い出す。「全力で体力の限界に達するほど、メロスを走り続けさせたものは何か。それは、友人セリヌンティウスの自分への信頼では無かったか」、と。

「受容」のための教育実践の一つに、①**初めて（できた）拍手**、②伸びで測る、**伸びの拍手**、③**カタツムリ拍手**を挙げたい。①について言えば、「良い子モデル」では成果を問うが、下位の子どもの出番は少なくなる。しかし、「初めて宿題ができた」、「初めて忘れ物が無かった」などであれば、下位の子どもも容易に拍手がもらえる。②について言えば、よい子モデルでは成果を問われるので、減点法的評価に陥りやすい。だが、もっと大切なのは、その子の伸び、すなわち目標への達成過程であろう。八〇点の子が一〇〇点を取ったのも評価できるが、それ以上に、三〇点の子が六〇点を取れば、その倍の拍手を送りたい。③について言えば、同じ子どもが、見方一つで、殻が無ければナメクジになるが、殻をつけてやる（プラス評価する）ことでカタツムリになる。言い換えれば、どうすればその子を「救う目」で見ることができるか、という評価方法である。乱暴者も、「見つめる目」すなわち「救う目」で見てやれば、元気闊達となる。そこから、強い指導性を持つなどの、その子の「よさ」も見つかるのである。

この評価の多様性の指向性は、その後、文部行政で推奨される「個性尊重（重視）」の教育につながることになる。「個性尊重（重視）」が叫ばれるようになったのは、まさに「良い子」モデルからの脱却であった。「品行方正・学業優秀」、言い換えれば「四番でエース」を追い求めていたのでは、上位の子どもたち以外は、次第に意欲を喪失していく。筆者は、それを「損在」感と表象している。平成二〇年学習指導要領「総則」にも、「閉じた個」「自分への自信の喪失」などの表記で、今日の子どもの危機感を表している。そこで、子ども一人一人が、その子なりの自分の「よさ」に向けて一生懸命がんばった結果としての多様性（ダイバシティ）を保障しようというのである。それは「個性尊重」の教育であり、片岡先生の「受容」の教育理論の結実でもあった。

(3) 「防衛的風土」づくりから「支持的風土」づくりへ

第三の革新的教育理論も、教育界の根底に根付く思想に対する挑戦であった。先に述べた「見守る目」と対峙されるのは、「取り締まる目」である。「見つめる目」、「見つける目」を通さないで、いきなり「見守る目」としての教育活動に入れば、教師の思いや意図と関係なく、子どもにとってそれは、「取り締まる目」になってしまう。教師としては、子どもに体当たりする「熱中先生」よろしく真摯に向き合ったつもりが、子どもたちの側から見れば「取り締まる目」となる。そこには、自発性、主体性、創造的な思考と自律性が尊重される支持的風土（supportive climate）は存在しない。他に対して攻撃的なとげとげしい雰囲気の防衛的風土

(defensive climate) が存在するのみとなる。そこで、今や全国区の教育用語になったが、片岡先生の「支持的風土づくり」の提唱となった。それは、個人に焦点をあてた意欲づくりとは異なり、集団全体に焦点を当てた心理学的な全員の意欲化の方法とも言える。

筆者自身、この教育用語のお陰で多くの信奉者を得た。その一つを紹介したい。中学二年まで不登校を繰り返していた中学生の卒業時の涙声の三分間スピーチのテープが忘れられない。

給食の時以外、腹痛を訴え逃亡する級友。しかし、担任教師は率直に彼の家庭事情を伝え、話合いを求めた。両親が居なくなり、家はおばあさんと弟だけ。家庭訪問に行くと、床にはカップ麺の殻が散乱している。彼にとって、給食だけがまともな食事。クラスの生徒たちが変わった。彼のあり方と存在を「受容」することからはじまり、彼を嫌っていた彼らが、給食を弁当箱に詰め、家族の皆にと、彼に手渡すようにさえなった。クラスでの存在を獲得した彼は、二学期には毎日出席するようになった。ひがんだり反抗したりする姿はどこにもなかった。そして卒業式を迎えた。「せんせい、ありがと……、みんな、げんきで……」。聞き取り難い、短い涙声のスピーチ。だが、最高のメッセージであろう。このクラスの学級目標が、「互いに支えあう学級」。担任教師は、常に「支え合い」を呼びかけていた。生徒が、嫌悪、排斥から、支持、支援へと変容する「支持的風土づくり」の取組であった。

自己の主体性を重んじることのできる人間のみが、他者の存在の「重さ」を知ることができる。したがって、「ひとり」（個）を大切にすることは、「誰も」（集団）を大切にすることでもある。個と集団は、「相即不離」の関係なのである。そこで、筆者自身は「支持的風土づくり」を、人権教育の観点から、「**『自分なりの』生き方を保障する土壌づくり**」ともとらえている。

コミュニケーションの指導は大切だが、支持的風土の学習集団づくりにおいては、安心して手の挙げられる、支持的なコミュニケーションの規律づくりでなければならない。例えば、以下のような四つの実践的取組である。

①一日一度、「おいで、ありがとう、(仲間に) 入れて、ごめんね、良かったね」などを言い合う、**愛(合い) 言葉活動**。「良かったね」が、なかなか出てこない。②途中で言えなくなれば、「後はお願いします」「後を続けます。Tさんが言いたかったことは、〇〇ではないかと思います」と、襷をつなげる、**リレー発言活動**、③「なるほど、どれどれ、そうか」など同意する言葉を「増やす言葉」、友達の発言に対して「聞こえません、分かりません」など拒否的な言葉を「減らす言葉」、「死ね、うざい」など、人権に関わる言葉を「禁止する言葉」とする、**増やす言葉、減らす言葉、禁止する言葉活動**、④何でもよいから言うし、笑わないの「あつめる」「出し合う」(発散的思考)を基礎にして、「まとめる」「束ねる」(収束的思考)、「もとめる」「たしかめる」(収斂的思考)へと展開する**創造的・生産的思考の話し合い**など、発言のルールを決めておくことである。

これらによって、安心して手を挙げることのできる支持的風土の学習集団になる。だが一般には、コミュニケーションのしつけと称して、「怖くて、怖くて手が挙げられない」防衛的風土のコミュニケーションに陥れさせている傾向が少なくない。

他にも、教師と子どもとの「心理的距離」を少しでも縮めようとする「握手作戦」や「腕相撲大作戦」など、知り得た「支持的風土づくり」の実践は、枚挙にいとまがない。例えば、「個集研」佐賀県支部の実質的創設者であり、片岡理論の良き信奉者でもある小嶋一郎氏は、問題を抱える生徒を「問題を持つ子」ととらえない。その範疇を超えて、むしろ他者からの理解を求め、また、理解を必要としている「要理解児童」、「要理解生徒」としてとらえなければならない、と主張する。(『だれにも出番がある学校』黎明書房、昭和六〇年)これは、「支持的風土づくり」の生徒指導論への発展と言えよう。

以上、三つの観点から、片岡理論の革新性を概括してみた。それが、我が国の教育界の革新・改革に果たした影響は多大と言わねばならない。私自身は、片岡教育理論を総じて、『つくる』教育から、『なる』教育へと総括したい。革新性を売りにしている「班・核・討議づくり方式」の「全生研」も、ある意味、積極的な「つくる」教育である。有力な「前衛」の子どもが、下位の子どもを、班競争、班長制、ぺっちゃんこ論争、追求、点検、リコールなどの手段によって「自治的集団」へと引っ張り上げる教育実践である。それに対して、片岡理論は、認められたい、役に立ちたい、支持されたいという、子どもが本来持つ本性を、そっと後ろから押してやる教育といえる。

個性にしても、「個集研」では、「つくる」個性ではない。それは、連帯(仲間)に支えられ、連帯の中で輝く自分の「よさ」に向かって、主体的に頑張った結果として、自ら「なる」個性であろう。しかし、自ら「なる」教育は、他が「つくる」教育以上に、手間がかかる。「なる」教育の教師の実践的能力や教育技術の開発は、未知数である。それだけロマンを感じる。私たちは、片岡先生が提案した教育技法を更に開発していく責務がある。

こうした教育への私自身の想いを、片岡先生と語れないまま、訃報が届いてしまった。「個集研」のみならず、今日の我が国の教育界の進むべき方向を照射し、導いて下さったことに深甚なる感謝を込め、心からご冥福をお祈りする。

追記　令和元年十二月二一日〜二二日に開催された、第四五回全国個を生かし集団を育てる学習研究協議会・熊本大会の冊子において、本協議会の更なる発展を祈念して、前会長として「お礼とお願い」を書かせていただいた。片岡徳雄先生も、常にそれを念じ、願っておられた。そこで、ここに再録させていただくことにした。併せて読んでいただくと、幸いである。

輝け！　希望の民・子どもたち　――会長退任のご挨拶――

八年前の山口大会において突然、相原次男会長（当時）より本協議会の会長指名を受けました。それより、佐賀、熊本、岡山、愛媛、山口、そして佐賀と、ローテーションを組んで全国大会を開催していただきました。昨年度は、長年の悲願であった兵庫県支部を再建し、設立記念大会も開催していただきました。

「支えていただきました」。私の場合、この言葉が、過去四人のどの会長先生の時よりも、ピタリと当てはまります。この間、事務局長・高旗浩志先生と小野大先生をはじめとする岡山事務局スタッフの皆様にお任せして、古稀の年齢に至るまで、本協議会に携わらせていただきました。この度、平成から令和を迎えた本年度より、須田康之先生（兵庫教育大副学長）とバトンタッチさせていただくことになりました。

本協議会は、その前史から申しますと、実に六〇年を超える実績と歴史を持ちます。「個」と「集団」に関する実践研究を追究してきた諸先輩の長きに渡るご尽力で成立してきた研究団体です。ここで改めて、本研究協議会の意義を、大きく二つに大別して述べさせていただきます。

第一の意義は、今回第四五回大会という教育研究団体としては稀な、長い歴史を持つ教育研究団体であるということです。歴史の長さを誇示している訳ではありません。「全国」という呼称は付いておりますが、組織的には小規模な教育研究団体といえます。しかし、教育の世界には「不易と流行」という言葉があります。その時代時代の喫緊の課題、即ち「流行」の部分を追究する教育研究団体も大切です。ハウツーものと言って低く見る向きもありますが、教育界にとってそれも必要でしょう。但し、ほぼ一〇年周期で、そういう教育研究団体は生まれては消えていくのが、これまた定めでもあります。しかし、その一方で、本協議会のように「不易」な課題に実践的理論研究を進めていく教育研究団体が必要です。しかも、自主的な民間教育研究団体として、です。したがって、この種の教育研究団体の存続と継続は、我が国の教育界の健全度を測るバロメーターともいえます。本協議会は、確かに現在、組織としては小規模かもしれません。しかし、本協議会が維持・継続されること自体、教育界にとって大変意味があることと思われます。

第二の意義は、その実践的研究の対象が、教育界にとって正に「不易」のテーマである「個と集団の関係性」であるということです。保育論、授業論、学級経営論、特別活動論、生徒理解・生徒指導論など、これらの根底をなすものは総じて、「個と集団の関係性」です。

私なりに「豆腐づくりよりも、納豆づくり」、「『尊在』感づくり」「人間教育は、じんかん（人間）教育」、「知るから、識（し）るへ」、「『つくる』から、『なる』教育へ」、「骨太の学力づくり」など、いくつかの教育標語を創って啓発活動を行っています。だが、それらはすべて、本協議会の実践的理論研究を踏まえて、そこから生まれたキーワードです。

本協議会の生みの親とも言える末吉悌次先生（小生、最後の卒論生）の集団学習理論は、本来は個人主義の国であるアメリカに渡り、多大な影響を与え、小集団学習の「協同学習理論」として、我が国に逆輸入されました。片岡徳雄先生は、その畑に鍬を入れて耕し、末吉先生が蒔いた種を実らせる肥沃な土壌を作って下さいました。今こそ、私たちは原点に還って、個と集団のあるべき姿について追究し、教育現場の教育実践の実りを体系化する責務があるでしょう。

須田康之新会長先生には、本協議会に新たな道を拓いて下さることを祈念し、皆様にはそのための更なるご支援をお願いして、短いメッセージではありますが、退任の辞とさせていただきます。「個集研」という大きなお風呂に入り、希望の民・子どもたち育成のための明日の活力を得ましょう。

2 個性教育・感性教育

南本長穂・押谷由夫

教育の本質追究は、永遠に変わらないといってよい。それは、一人一人が人間としていかに成長し、幸せな人生を送れるようにするかである。片岡先生は、それを個性教育に集約されている。個性教育については、多くの研究者や実践者から様々な提案がなされているが、本質論、方法論、実践論を包括し、目的と方法、実践の一体化を常に考慮しながら、総合的・体系的に追究されているのは、他に類を見ない。その主張は、今日の教育改革においてこそ、先導的な役割を果たすことを明らかにしたい。

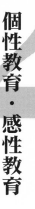

1 片岡先生の個性教育論

(1) 個性のとらえ方

まず、片岡先生のとらえられる個性について、著書『個性と教育』（小学館、一九九四）から見ていきたい。片岡先生は、一般的な「その人らしさ」とか「その人の持つ特徴」といったおざなりな定義ではよしとしない。個性とは、生き方に他ならないから、「立ち向かうもの」を持っていることが本質であるととらえる。「そこには社会的なかかわりがあり、さらには、その人の主体的な考えが示されてはじめて、個性に値するものになる」というのである。

そのことを、J・W・ゲッチェルスらが提唱した理論を援用して、I＝f（R×T）で表される。つまり、I（個性）は、R（社会的な役割）とT（その人の個別性、特性）の関係の中で形成されるとする。そして、その個性は、「それぞれの求める価値や目標を抜きにしては語れない」とし、この「価値に向かう努力」が個性理解の核心に迫ることだという。そこから、個性の神髄を「主体性」に求める。

その主体性は、社会とのかかわりの中で発揮されると同時に、もう一つのルーツを持つ。それは、「感覚」であると指摘する。その感覚は受身でもあり能動でもある。感覚が能動的に働くときに「感性」、つまり「価値あるものに気づく感覚」が育まれているとする。ここにおいて、「非社会的なところから発した感覚が、社会的な価値に接触する」のである。

しかし、ここで問題が生じる。今日の子どもたちの社会体験、自然体験の不足である。それでは、個性を育てる感性とはなっていかない。どうするか。もちろん社会体験や自然体験を充実させることは大切であるが、感性をさらに高めて「情操」のレベル、つまり「価値に向かう感情または態度」を養う必要があるとする。「情操が思考や意志や創造と分かちがたく一つとなって働くとき」、それを「自己実現の欲求」としてとらえている。

この「自己実現の欲求」は、「自分の内なるものを外に出してゆく行動（表現的行動）として示される」とする。これこそが、主体的な個性の働きであるといえる。そして、マズロウの説を援用しながら、主体性の発達形成の過程を「『問題中心』と『人間としての喜び』を基軸として、外に向かって感受性をもって接し、そして自らにだんだん自主、創造、非権威、さらにはアイデンティティが備わる」ととらえる。それが、個性の形成である。様々に変化する社会といかにかかわり、主体性と自由を確保しながら、個性の形成を図っていくかという、今日的課題に対して、具体的指針を示していこうとする。

そして、次の著書である『個性を開く教育』(黎明書房、一九九六)において、個性のとらえ方をさらに明確にしている。つまり、個性とは「その人なりに求める価値が考え方や行動によって社会的な場で明らかに示されたもの」であり、簡潔には「その人なりのよさに向かうこと」だとする。

この「よさ」や「求める価値」は、その人なりのものであり多様であること、そして、個性を「動き」でとらえることによって、社会とのかかわりの中で生成発展する個性という側面を強調できるとする。このことは、まさに、これからの教育が求める学びの姿に他ならない。

(2) 個性を開き、育てる

このような個性のとらえ方をもとに、個性をどう開き、どう育てるかを具体的に提案される。まず、子どもたちの個性を培っていくものとして、五つを挙げている。「親からの遺伝」「育った文化」「接する人たち」「一生忘れえぬ出会い」「一人歩きする動機」である。そのうち「親からの遺伝」以外は学校や教師たちが意図的に計画しかかわっていくことができるとする。それをどう具体化していくか。その具体的提案において、片岡先生が取り組んでこられた研究すべてが密接にかかわっているといってよい。それは突き詰めれば、個と集団の関係であるということができる。個は集団とともに育つ。他の章で触れられるが、片岡先生が最も心血を注いで取り組まれた「個を生かし、集団を育てる」教育の具体的実践がつながっていくのである。

このような片岡先生の個性教育・感性教育論は、今なお、これからの学校教育の先導役を果たすものであるといえる。

2 これからの教育に求められるものと片岡徳雄「個性教育・感性教育」理論

今、学校現場は、様々な課題に直面している。最も大きな課題は、急激な科学技術の発達による社会の変化に主体的に対応し、豊かな人格形成を図る子どもたちをいかに育てるかである。

(1) 新教育課程が求める資質・能力との関連

二〇二〇(令和二)年度から小学校で、二〇二一(令和三)年度から中学校で全面実施されている新教育課程においては、二〇三〇年の社会を想定して、特に大切な資質・能力の柱として、次の三つを挙げている。一つは「個別の知識・技能」(何を知っているか、何ができるか)、二つは「思考力、判断力、表現力等」(知っていること・できることをどう使うか)、三つは「学びに向かう力、人間性等」(どのように社会・世界と関わり、よりよい人生を送るか)である。つまり、どのような課題に対しても、まずは自分が身につけている「個別の知識・技能」で対応せざるを得ない。しかし、その「知識・技能」は、具体的な課題に対して応用できることが大切である。そのための「思考力、判断力、表現力等」が養われる必要がある。そして、そのプロセスにおいて、また新しい「知識・技能」を身につけていく。その「知識・技能」をもとに新たな課題にチャレンジし、「思考力、判断力、表現力等」を育み、また新しい「知識・技能」を身につける、という螺旋的な発展的学びを、アクティブ・ラーニング(主体的、対話的で深い学び)として、求めている。

では、それらの学びはどこに向かうのか。それが三つ目の「学びに向かう力、人間性等」である。アクティブ・ラーニングは、目的を明確にし、追究する学びであることが大切であるとする。学ぶ目的は、突き詰めれば「どのように社会・世界と関わり、よりよい人生を送るか」、つまり、一人一人が社会や世界と主体的にかかわり、自分らしくよりよく生きること、ということになる。

片岡先生は、個性とは、「主体性」であり、「よさに向かう力」であるとされる。これから求められる学びにおいては、「よりよく生きる」こととかかわって、「個別の知識・技能」「思考力、判断力、表現力等」の育成が主張される。「よりよく生きる」ことは、自分のよさの成長を社会とかかわらせて行うことによって、共によりよい社会を創っていくことであるといえる。これから求められる「深い学び」は、「個別の知識・技能」「思考力、判断力、表現力等」が、「よりよく生きる」ことに向かって、学びを発展させていくことであるととらえられる。これらは、まさに、片岡先生が強調する「個性教育、感性教育」に他ならない。

⑵ OECDラーニング・コンパス（学びの羅針盤）2030の提案との関連

教育改革は、世界的な課題であり関心事である。日本の教育改革も、世界の動向を踏まえて打ち出されている。最も大きな影響を与えているのがOECDの取り組みである。日本はOECDの教育検討チーム（Education 2030 project）の有力なメンバーとして活動している。その検討内容が、日本の新教育課程に反映されている（白井俊『OECD Education 2030 プロジェクトが描く教育の未来』ミネルヴァ書房、二〇二〇）。

OECDは、Education 2030 project の成果として、「ラーニング・コンパス（学びの羅針盤）」を提唱している（http://www.oecd.org/education/2030-project/teaching-and-learning/learning/learningcompass-2030/OECD_Learning_Compass_2030_concept_note.pdf)。

「ラーニング・コンパス（学びの羅針盤）」とは、これからの教育が目指すべき未来である「個人のウェルビーイングと集団のウェルビーイング」に向けた「進化し続ける学びの枠組み」を示したものであるとされる。その中核的基盤に、「知識、スキル、態度と価値、より良い未来の創造に向けた変革を起こすコンピテンシー」をあげ、さらに、よりよい未来の創造に向けた変革を起こす力（①新たな価値を創造する力 ②対立やジレンマに折り合いをつける力 ③責任ある行動をとる力）を備えるために、「見通し（Anticipation）、行動（Action）、振り返り（Reflection）のＡＡＲサイクル」を位置づけている。

つまり、これからの学びにおいては、主体である子ども自身が学びの方向性を見極め、もてる力を存分に発揮して、その方向性を追い求めることが求められるということである。このことと密接にかかわる言葉として「生徒エージェンシー（Student Agency）」という概念を提案する。エージェンシーとは、「変化を起こすために、自分で目標を設定し、振り返り、責任をもって行動する能力」であり、「社会参画を通じて人々や物事、環境がより良いものとなるように影響を与えるという責任感を持っていることを含む」としている。ここで子どもたちに求められる主体性がより明確になってくる。そして、「人は社会的な文脈の中でエージェンシーを学び、育み、そして発揮する」ことから、「仲間や教師、家族、そしてコミュニティに囲まれ、それらの人たちがウェルビーイングに向けて生徒と相互作用して生徒を導いていく」という「共同エージェンシー（Co-Agency）」が大切だとする。

このようなとらえ方は、片岡先生の個性教育論と一致する。つまり子どもたちの個性を生成する主体性は、よさに向かうものであり、社会的関わりの中で発揮され発展していくものだととらえているからである。この「生徒エージェンシー」や「共同エージェンシー」をいかにはぐくみ発展させるかは、片岡先生の主張する「個を生かす集団づくり、授業づくり」のなかでも、同様のことが指摘され具体的な提案がなされている。

(3) Society 5.0に対応する教育との関連

また、これからの教育は、ICT技術革命との共生が不可欠である。内閣府はこれからの社会をSociety 5.0（超スマート社会）とし、「サイバー空間（仮想空間）とフィジカル空間（現実空間）を高度に融合させたシステムにより、経済発展と社会的課題の解決を両立する、人間中心の社会」を目指している（https://www8.cao.go.jp/cstp/society5_0/）。

その実現に向けて、文科省ではSociety 5.0における学びにおいて、共通して求められる力として「文章や情報を正確に読み解き対話する力、科学的に思考・吟味し活用する力、価値を見つけ生み出す感性と力、好奇心・探求力」を求めている（「Society 5.0に向けた人材育成に係る大臣懇談会報告」平成三〇年六月五日）。Society 5.0社会における学びは、片岡先生が主張する個性教育と同様のものであることが、ここでも確認できる。

このような動向を踏まえて、中央教育審議会は、これからの教育方策について「『令和の日本型学校教育』の構築を目指して〜全ての子供たちの可能性を引き出す、個別最適な学びと、協働的な学びの実現〜」を答申した（令和三年一月二六日）。日本型学校教育とは、一言で言えば、「知、徳、体にわたる全人教育」を行うということである。その中で、「一人一人の児童生徒が、自分のよさや可能性を認識するとともに、あらゆる他者を価値のある存在として尊重し、多様な人々と協働しながら様々な社会的変化を乗り越え、豊かな人生を切り拓き、持続可能な社会の創り手となることができるようにすることが必要」であるとする。そして、二〇二〇年代を通じて実現すべき教育として、個別最適な学びと協働的な学びを統合させる「令和の日本型学校教育」を提唱している。

つまり、「個別最適な学び」を充実させるために、「子供の成長やつまずき、悩みなどの理解に努め、個々の興味・関心・意欲等を踏まえてきめ細かく指導・支援することや、子供が自らの学習の状況を把握し、主体的に学習を調整することができるよう」「ICTの活用により、学習履歴（スタディ・ログ）や生徒指導上のデータ、健康診断情報等を利活用」して取り組むことを求めている。

また「協働的学び」では、「『個別最適な学び』が『孤立した学び』に陥らないよう、探究的な学習や体験活動等を通じ、子供同士で、あるいは多様な他者と協働しながら、他者を価値ある存在として尊重し、様々な社会的な変化を乗り越え、持続可能な社会の創り手となることができるよう、必要な資質・能力を育成する」ことが重要だとする。そして、「集団の中で個が埋没してしまうことのないよう、一人一人のよい点や可能性を生かすことで、異なる考え方が組み合わさり、よりよい学びを生み出すよう促していくこと」を求めている。

これらの提案は、片岡先生が個性教育論の中心課題ととらえているものであり、「個と集団を生かし育てる」教育論、授業論と密接にかかわる。

以下、このことを確認しながら、特に片岡先生が重視されていた個性を育てる教育の具体例について見ていきたい。

３　個性を育てる教育の具体的展開

個性を育てる教育をどのように行うかについては、学校現場での実態を踏まえて提案されている。ここでは特に、「個性の基礎を培う取組」を踏まえて、「個性を育てる授業づくり」と「個性を育てるプロジェクト法」について取り上げる（片岡徳雄『個性を開く教育』黎明書房、一九九六）。

(1)　個性の基礎を培う――「意欲」「体験」「表現力」――

片岡先生は、個性の基礎を培うものとして「意欲」と「体験」と「表現力」を挙げる。「意欲」は個性形成のエンジンととらえる。そのエンジンに、どのようにしてスイッチを入れ、威力を高めていくのか。三つを挙げている。「興味・関心」「理解・上達」「認められ・励まされ・信頼されること」である。これらは、「個別的学び」と「協働的学び」からもたらされる「意欲」であるととらえられる。

また、「体験」においては、「アナログ型の認識・思考ができること」「イメージが豊かになること」「『臨床の知』的態度をもたらすこと」「人の感覚や感性を目覚めさせること」が個性づくりの基盤となるとする。体験は様々な感覚器官を通して行われる。そこからイメージが豊かにはぐくまれるとともに、「臨床の知」的態度をもたらすことを挙げているのがポイントである。「臨床」の語源である〝Clinic〟は、「死の床にいる人に寄り添って魂の世話をすること」とされる。つまり「臨床の知」とは、他者との魂の触れ合いを通して課題を共有しその解決に向けて取り組む中で生まれる知である。それは、よさに気付く感性や、よさを求める情操とつながってくる。片岡先生がこのような文脈において、体験における「『臨床の知』的態度」を重視されたことは、これから求められる臨床教育的研究において大きな示唆を与えるといえよう。これは同時に、ＯＥＣＤが提唱する「生徒エージェンシー」の育成においても極めて重要な役割を果たす。

さらに、片岡先生の個性論は「社会的な場にそれを表す」ことまでを含むことから、特に「表現力」が基盤として重視される。その表現として、「スピーチ」「論争や討議」「話し合い」「書くこと」「絵画」「音楽」「声」「身振りや表情」「パフォーマンス」を挙げる。これらは、自己表示であるとともに自己解放であり、自己に対する自己開示とともに集団の中での自己開示を含んでいる。社会的な場での自己形成における極めて重要な基盤であり、ＯＥＣＤの主張する「共同エージェンシー」の育成とも大いにかかわる。

(2) 個性を育てる授業

片岡先生の一番の真骨頂は、個性を育てる授業づくりにある。まず、提案されるのが、「子どもたちの疑問・関心を出発点としそれを主軸にした指導計画」である。それは、「教師支援の計画」であるとする。子どもの個性を育てるには、教師は子どもが個性をはぐくめるように寄り添い、支援することが大切だと強調される。

次に、「感性を生かし育てる」ことを挙げている。具体的には、子どもたちが「気づき楽しむ」授業の提案である。その留意点として、「子どもの五感を使う」「子どもの感情に訴える」「驚きを大切に」「子どものつぶやきを聞き逃さない」「多様なイメージを描く」「できるだけ直接体験を」「具体物・写真・統計・スライド・ビデオなどで示す」「子どもの『分かった』を揺さぶる」「友達の発言や話し合いによって、自分のイメージを触発する」「教室が何を言ってもよい雰囲気である」ことを挙げている。

「感性を生かし育てる」子どもたちの姿を、「気づき楽しむ」姿で描き、その姿を引き出すための教師の留意点を示しているのである。それらは、授業の基本的あり方を提示しているのであり、子どもに寄り添いながら、子どもから引き出す教育の基本的姿勢であるととらえられる。

第三に、「小集団（グループ）学習」で個性を伸ばすことを挙げている。子どもたちの興味・関心を基にしながら、子どもたちの感覚や感性を大切にする授業の中に、「小集団（グループ）学習」を取り入れることによってより個性がはぐくまれるとする。

このことは、個性を育てる基盤としての「意欲」が、周りの人々から「役に立ち、認められる」ことによって高められることと関係する。そのことを「小集団（グループ）学習」を基に具体的に提案している。その中で、個性を育てる話し合いの技術として三つを挙げている。「集団思考のタイプ（発散的思考、収束的思考、収斂的思考）に留意すること」「集団思考をする題材（課題や目標を決めるとき、学習の方法や筋道を探すとき、さまざまな考えやデータを集めるとき、新しい工夫やアイデアやヒントを集めるとき、学習ややったことを反省し評価するとき）に留意すること」「集めたものからまとめに入るときの知見（同じ考えや似た考えに注目する。くくったものに名前をつける。対立している考えや、補い合っている考えに目をつける。対立する考えの間でゆさぶりあう。いろんな考え方の、上下関係や補完関係にも注意する。主題にそれた考えは省いていく。〈ときに教師が入って〉問題を焦点化したり、別の考えやデータを補足したりする。）を大切にする」を挙げている。

これらは、「個を生かし集団を育てる授業」論として体系化されている。その授業論を、以上の点を重視して、個性を育てる授業づくりという視点からとらえなおすことによって、これから求められる「学びに向かう力、人間性等」をベースとして「個別の知識・技能」「思考力、判断力、表現力等」をはぐくむ授業づくりに、大きな方向を与えることになる。そして、同時に「生徒エージェンシー」と「共同エージェンシー」の育成を一体化した取組としても評価でき、ICT活用など今日的課題を取り入れてさらに発展させることができる。

(3) 個性を育てるプロジェクト法

プロジェクト法は、デューイの考えを基に弟子のキルパトリックが具体的に提唱したものである。片岡先生は、キルパトリックが、プロジェクト法を「社会的環境の中で展開される全精神を打ち込んだ目的ある活動」としていることに注目する。つまり、ここには、個性の二つのポイントである「向かうよさ」(目的ある活動)と「よさに向かう」(全精神を打ち込む)が凝縮されているととらえる。

そして、「問題を発見する」「仮説や見通しをたてる」「実際に調べ、解決に努力する(例えば、文献調査、インタビュー、観察、実験、交渉、提案、運動など)」「成果をまとめ、報告、反省する」という問題解決の手順を大切にしながら、個性を育てるプロジェクト法を提案する。

キルパトリックは、その方法として「目的が外面に現れるタイプ(作業型)」「審美的な経験をするタイプ(鑑賞型)」「知的な難しい問題を解決するタイプ(研究型)」「特定の知識や技能を習得するタイプ(練習型)」を提唱する。それを援用しながら、具体的に、「課題学習と選択教科」「自由研究と卒業論文」「学級文化活動のプロジェクト法」(特別活動が最もプロジェクト学習に向いている)について、実践紹介と提案を行っている。今日では、総合的な学習の時間が設置され、探究活動が一層重視されており、プロジェクト法が、注目されている。

片岡先生の提案するプロジェクト法は、子どもたちの興味・関心を出発点とし、時間を十分にとって多様なテーマや追究計画を設定して取り組むこと、多様に感覚器官を活用した感性をはぐくむ活動を重視すること、学習者中心になるよう〈教師が中心になって〉仕向けること、できれば中間発表会を行い反省に役立てること、発表には多様な表現方法を工夫すること、狭い意味での研究にこだわらないことなどを挙げている。

このような片岡先生の提唱されるプロジェクト法は、これからの Society 5.0 の社会に向けて一層求められるものであるといえよう。さらなる発展が期待される。

3 文芸の教育社会学にかかる解題

須田康之

1　なぜ文芸の教育社会学なのか

まず、片岡徳雄先生（以下、先生とする）がなぜ、文芸の教育社会学に着手したのかという点から始めたいと思う。

先生は、『文芸の教育社会学』（一九九四）のまえがきで次のように述べている。

「一般に文学、あるいは芸術を含めた文芸から、人は自らの人格をつくってゆく上に多かれ少なかれ影響を受けるものだ。このヴィヴィッドな過程を深く広い視点から明らかにできないか。あるいは逆に、文芸にこめられた様々なメッセージはどのように人々や社会に広がり、そこからどんな価値が受け取られたのかを明らかにすることで、時代や社会の担う意図的、無意図的な教育内容（価値）を析出することができないだろうか。すなわちそこに、従来の『マス・コミュニケーションと教育』にかかわる研究とは一味違った『文芸の教育社会学』の研究領域が展開するのではないだろうか」（片岡、一九九四、一－二頁）。

続けて、「第一章　人間形成としての文芸」のなかで、次のようにいう。

「日本の教育社会学は戦後に出発し、既に五十年の歳月がたった。研究のテーマも領域も多岐にわたり、教育学研究の諸領域の中でも大きな成果をあげている学問領域の一つといってよい。しかし、ここに一つの問題がある。それはこれまでの多くの研究が、教育の制度と過程に偏っていた点である。（中略）等閑視されてきたのは社会の内容ないし価値の領域であった。（中略）こうして、『いかに』人間が形成されるかには注目しても、『どのような』人間が形成されるかは教育社会学であまり問題にならなかったといってよい。ここに、文芸の教育社会学研究の意味がある。もちろん、人間形成における価値の問題については、たんに文芸――文学や芸術――に限りはしない。その他、道徳や科学や宗教など様々な価値領域はあるわけである。しかし、これらと共になおざりにできない文芸が、今、いかに、青少年の人間形成に意味を持っているか。いや、意味を持たなくなっているか。日本の現実社会の実態において、明らかにしてみる必要はあるように思う」（片岡、一九九四、一一‐一二頁）。

重ねて説明する必要はないところではある。ただ、先生が言わんとすることをまとめると次のようなことになる。まず、これまで教育社会学は、教育の制度や過程の研究については精力的に行ってきた。しかし、教育を行った結果として、何が形成されたのかという内容自体についての研究はなされてこなかった。文芸に接することにより、結果としてどのような内容あるいは価値がその人間のなかに蓄積されているのかに注目する必要がある。つまり、受け手の側の受け取り方、咀嚼の仕方、解釈の仕方を問う必要がある。加えて、文芸が社会の中に受け入れられたことにより、社会の側には、どのような価値が共有されているのか見ることができるのではないかという指摘である。

実際に先生は、『文芸の教育社会学』の最終章で、これまで自身が読み解いてきた研究成果の一部をもとに、「第十二章　わが子殺し劇の分析――近松・南北・黙阿弥」（二三一‐二五三頁）を執筆している。そこでは、近松門左衛門、鶴屋南北、河竹黙阿弥の作品にみられる、子殺しの場面を殺す親の理由と殺される子の理由でわが子殺し劇を類型化し、その特徴を析出している。これは、社会の側にどのような価値が共有されているかを見たものである。

先生は、次のように要約する。

「第一の近松劇では、たしかにそれは『神への犠牲』として『神に近い』幼児の死が、親の純粋な決意――苦痛に満ちた、悲しい決意――として示されたものであろう。それは、『寺子屋』(一七四六年)や『千本桜』の『すし屋』(一七四七年)などのわが子殺し劇にも通じる。

しかし、第二の南北劇でのわが子殺し劇における幼児の死は、日常性、残虐性、あるいは夫権や家族制への直接的な恨み・レジスタンスの意味、をもっていた(これは、南北に独特で、化政期の他の作品にはみえないものか、今後の検討を要す)。

第三の黙阿弥劇では、わが子殺しは一種の義理の体制的主体化の色彩が濃い。すなわちそれは、殺す側はもちろん殺される側の意識的・自発的な、言語化された行為として示される。これは、黙阿弥劇に限らず、「盛綱陣屋」(一七六九年)や「先代萩」の「御殿の場」(一七七七年)にも共通にみられる傾向である」(片岡、一九九四、二五二頁)。

このように、近松、南北、黙阿弥、それぞれの作家の作品に描かれたわが子殺しの場面の特徴を捉え、そこに、体制内にとどまる悲劇と、体制を突き動かす悲劇かの違いを読みとっている。殊に南北劇には、既存の体制からはみ出す「近代的な自我のめざめ」が読みとれるとする。これについては、『四谷怪談の女たち――子殺しの系譜』(一九九三)で論じられている。

2　何を明らかにしようとしたのか

先生が執筆した『日本的親子観をさぐる――「さんせう太夫」から「忠臣蔵」まで』（一九八八）と『日本人の親子像――古典大衆芸能にみる』（一九八九）の二冊の著書をもとに、何を明らかにしようとしたのかを見てみる。

(1)　対象

まず、対象である。「この本では、以下、四章にわたって、これら『日本の大衆そのもの』に近い、古典大衆芸能の作品を取り上げ、とりわけそこに示されている様々な親子関係を見てみようと思う。時代としては、ほぼ、十五世紀から十八世紀にわたる、日本の中世から近世中期までの四百年間である。取り上げる主な作品と時代のだいたいは、前頁の表に示しておいた」（片岡、一九八八、一二-一四頁）とある。

扱う時代は、一五世紀から一八世紀の古典大衆芸能の作品、すなわち、謡曲、説経、幸若舞、古浄瑠璃、金平、義太夫節、歌舞伎などに登場する作品である。まず、これらのジャンルがどういうものであるのか、説明しておく必要があろう。

謡曲とは、能楽の詞章のことをさす。能楽とは、南北朝時代（一三三七～一三九二）から室町時代（一三三六～一五七三）にかけて、観阿弥や世阿弥の出現によって完成した芸能の一つで、「謡を歌いながら、囃子に合わせて演じるシテ（役者）中心の舞楽で、多くは仮面をつけて舞うよう様式化」（日本国語大辞典）されている。代表的な作品に、「熊野」、「善知鳥《うとう》」、「隅田川」がある。

説経とは、「仏教讃嘆の語り物であり、説経節ともいう」（池澤、二〇一六、八〇七頁）。「仏教の説経が歌謡化し和讃・平曲・謡曲などの影響を受け、江戸初期に流行した民衆芸能」（日本国語大辞典）である。義太夫の隆盛によって衰微した。演目として、「さんせう太夫」、「かるかや」、「しんとく丸」などがある。

幸若舞とは、「室町中期から末期にかけて流行した簡単な動作を伴う語り物」（日本国語大辞典）である。軍記物語に題材をとり、武士の華やかにしてかつ悲しい題材を扱ったものが多く、戦国時代の武将に愛された。古伝説物、源氏物、平家物、判官物、曽我物、その他に分類できる。演目として、「たいしょくわむ」（古伝説物）、「満仲」（源氏物）、「敦盛」（平家物）、「烏帽子折」（判官物）などがある。

古浄瑠璃とは、「竹本義太夫と近松門左衛門の提携以前の浄瑠璃の総称である。筋の面白さに重点が置かれ、登場人物の性格や心理描写がなく、演劇的な場面の整理が未熟であるのが特徴」（日本国語大辞典）とされる。近松門左衛門が初代竹本義太夫のために書いた「出世景清」（一六八六）以前を古浄瑠璃、それ以降を新浄瑠璃（当流）として区別される。

金平とは、「江戸初期、明暦から寛文（一六五五～一六七三）頃流行した人形浄瑠璃の一つである。江戸の和泉太夫（のち桜井丹波掾）、長太夫父子が語り出したもので、坂田金時の子に金平という架空の人物を設定し、その武勇を中心にした物語を語った」（日本国語大辞典）ことで、この名前がついた。

義太夫節とは、浄瑠璃の一流派で、貞享（一六八四～一六八八）頃、大坂の竹本義太夫が人形浄瑠璃として始めたものである。作者の近松門左衛門、三味線の竹沢権左衛門、人形遣いの辰松八郎兵衛などの協力も加わって、元禄（一六八八～一七〇四）頃、大流行したといわれている。

歌舞伎とは、阿国の歌舞伎に発源し、江戸時代に興隆、独自の発展を遂げ、日本特有の演劇としてある。

先生は、謡曲、説経、幸若舞、古浄瑠璃、金平、義太夫節、歌舞伎など、いわゆる古典大衆芸能にあらわれた親子像を紐解くことにより、その変遷と、親子関係の特徴を明らかにすることを企図した。

(2) 方法論

さて、これらの読み物あるいは語り物をどのような方法で分析したのかということである。先生によれば、『日本的親子観をさぐる』のなかで、次のように述べる。「一つひとつの作品に示された『親子関係』の具体的な姿に目をつけ、その意味を素直に考えてみることにした。もちろん、これらの作品に示された親子関係が、そのまま現実のそれを反映しているとは考えられない。にしても、『虚実皮膜』論（嘘と現実、皮と肉、の間に芸術がある。近松門左衛門の芸論）の言うように、当時の芝居、その他の芸能が現実の世相や風俗のなんらかの反映であることも、また事実であろう」（片岡、一九八八、一四‐一五頁）。

加えて、いくらか謙遜した書きぶりではあるが、次のようにも述べる。「一般に、作品を読みとる立場は様々あってよいとしても、これから示す『私の読みとり』はいったいなんと言ったらよいのだろう。私自身とまどっている。精神分析や心理学ではないし、文芸学の立場でもない。文芸社会学と言えるほどのものでもない。ただ、これら大衆芸能に接した当時の人なら、そこに示された親子関係からこんなイメージをもったものではないか、大衆へのインパクト（印象）はこんなではなかったか――『作り手』の心まではわからないにしても、『受け手』の一人として私の注意を引いたものを摘出・紹介し、若干のコメントを書き示したにすぎない」（片岡、一九八八、一五頁）。

こうした記述からわかるように、まず、丹念に親子関係の描かれた場面を読み込む。そして、当時の人に寄り添いながら、彼らがどのように読んだかを、自分の読み方を記してみる。このようにして、一つひとつの作品について読んだ「親子関係」の読み取りを集め、当時の人はこのような読み方をしたのではないかという提案をしてみるという方法をとったということになろうか。

(3) 分析枠組み

先生は、親子関係を読み解くために、親子関係を分析するための枠組みを提示している。それは、次のようなものである。

「中世に語られた古い説経には、中世の日本庶民、特に最下層、の人たちの苦しみや恨みや憧れが、様々な形で示されている。漂泊する者の心労、差別への憤りと恨み。と同時に、家系、世俗的権威、呪術的な力などへの憧れ。しかし、このような心象はあくまでも庶民・最下層の人々の心の反映であった」(片岡、一九八九、一一五頁)。

先生は、古説経といわれる「さんせう太夫」「おぐり」「しんとく丸」「かるかや」「愛護の若」の五つを選び、検討を加え、そこに描かれた親子関係を三つに分類している。その後、近世の説経浄瑠璃に考察の眼を広げている。

中世の語り物を分析して得られた三つのタイプは、次のようなタイプである。

Aタイプは、「被救済者としての親」である。例えば、説経「さんせう太夫」には、「『一家の不幸→仏・権威・巫女(母神)による子の自己更新→親の救出・家の再興・悪への厳罰』というパターンがみられる。端的に言って、親はほとんど子の庇護者・養育者としては機能せず、むしろ子によって『救われる親』としてある」(片岡、一九八九、一一七頁）という。Aタイプには、困難に打ち勝って家を再考する逞しい子どもの姿が描かれている。

Bタイプは、「失格者としての親」である。Bタイプも、「一家の不幸→仏・権威・巫女（母神）による子の自己更新→親の救出・家の再興・悪への厳罰」というパターーンではある。しかし、一家の不幸の原因が、家族内の内紛から生じる。説経「しんとく丸」にみるように、一家の不幸の原因は、継母に端を発し、継母が子を「呪う親」であり、子を「遺棄する親」として描かれ、父親も「軽率な親」として描かれ、子を養うことができない「失格者としての親」（片岡、一九八九、一二三頁）が描きだされているという。

Cタイプは、「遁走者としての親」である。これは、「かるかや」に見られるように、「子捨て家捨てによる一家の不幸→子が親を探す→親は名乗らず、子は断念する」という悲劇である。Cタイプには、子捨て親捨ての関係が描かれており、「負い目をもつ父親に対して、子のけなげな自立」（片岡、一九八九、一三〇頁）が描かれている。

これら三つのタイプに分類される中世の古説経に描かれている親たちは、いまに生きる者の感覚からすると、どうしようもない親たちである。むしろ子どもの方がしっかりしており、子どもによって親が救済されている。弱々しい親と力強い子どもの対比。これには、時代の親子関係が影響しているかもしれないし、あるいは、古説経という語り物のジャンルが影響しているかもしれない。

さて、先生は、これら三タイプの親子関係を「Ⅰ親子独立」型と称し、これを基本に据えながら、説経浄瑠璃、それに続く古浄瑠璃の親子関係を分析することによって、その変異型として、「Ⅱ親子の歩み寄り」、「Ⅲ親の自覚」、「Ⅳ子の自覚」を析出している。「Ⅱ親子の歩み寄り」とは、親子が一家としてのまとまりを持つ物語である。これには、子の自己犠牲による親の救済や、継母を許すこと、親子の名乗りあい、という変種があるという。「Ⅲ親の自覚」とは、親が親または家長としての自覚をもって子を指導する物語である。これには、家長が家の乱れを立て直したり子を教えたりする話や、家長としての母親が子どもに対して愛情を示す話、継母に起因するお家騒動を家長が統制する話、そして別れていた親子が再会したとき家長が子どもを厳しく試す話の四変種がある。さらに、「Ⅳ子の自覚」として、親の仇討ちや親の救出という子から親に対してする直接的な奉仕の話と、子が親に離反し叛き親を捨てる話の二変種があるという。

3 結論として何が導き出されたか

(1) 社会体制と親子関係の在り方

先生は、「そのような作品が、どのように歴史的に移り変わっていったか。そして、その背景はなんだったか。そういう問題は二の次にした」(片岡、一九八八、一四頁)としながらも、中世における説経から近世における浄瑠璃を視野に入れることで、時代の中で変化する親子像について述べている。詳しくは、『日本的親子観をさぐる』(一九八八)の一八九頁から一九一頁にまとめられているのでこちらを見ていただくことにし、先生の言葉を借りながら、私なりに要約してみる。

①「中世に生きる親子には、およそ二つのタイプがあったようだ」(片岡、一九八八、一八九頁)。

一つは、「親から自立する子ども像」であり、二つは、「生存の苦しみをともにする親子像」である。例えば、前者、「親から自立する子ども像」には、説経「さんせう太夫」がある。話の筋は次の通りである。

安寿、厨子王、母親、乳母の四人は、罪を得て筑紫（福岡県）に流されている父を救うため、帝に面会を求め、京への旅に出る。途中、越後の直江津で山岡太夫の手にかかり、母親と乳母は蝦夷（北海道）に、安寿と厨子王は、丹後（京都府）のさんせう太夫にそれぞれ売られた。姉弟ふたりは、労苦の苦しさと屈辱のあまり逃亡を企てる。姉・安寿は弟・厨子王を逃がし、自らは火責め、水責めの極刑を受け殺される。難を逃れた厨子王は、家の系図を帝に見せる機会を得、父の旧領と丹後を与えられる。厨子王は、父と盲目の母を救い出し、亡くなった姉を鋳焼地蔵として祭り、そして、さんせう太夫、太夫の三男三郎、山岡太夫を極刑に処す。

ここには、弟を守る姉・安寿の強さ、弟・厨子王による悪に対する徹底した報復、そして、父母を救い出し家を建て直す子の力強さが描かれている。丹後の守となった厨子王が、太夫の三男三郎にさんせう太夫の首を鋸で引かせる場面がある。「子ども・三郎による親・太夫の鋸引きは、厨子王による盲目の母の救出・治癒と、じつは同じ構図になっていることに気づく」（片岡、一九八八、二三頁）という。悪の側に立つ三郎も、自ら親の救済を引き受けたのである。

「生存の苦しみをともにする親子像」としては、謡曲「熊野《ゆや》」、「藤戸」、「善知鳥」などがあるという。例えば、「熊野」では、病床に伏せる母親が古歌を引用して娘・熊野を帰国させるよう、平宗盛に懇願する。娘・熊野は「いかにせん　都の春も惜しけれど　馴れし東の　花や散るらん」と歌を詠み、これに感動した治者・宗盛は熊野に暇を出す。熊野には、母を思う心と宗盛を愛する心の二重性があり、この二重性は、能楽の様式である「衆人愛敬」と「貴人本位」の調和をはかるものでもあるという（片岡、一九八八、五一頁）。

②「近世になるについて、『小家族』という単位にくくられてくる。初め『子捨て』や『家捨て』として

現れていた親子関係が、やがて『子捜し』や『親捜し』として現れてくる」(片岡、一九八八、一九〇頁)。先生の言葉では、「中世にみた流離と変動の社会が、だんだんに落ち着いてきたためもあるのだろうか。私たちの現代の家族生活に似た『親子さしむかい』の人間関係が、劇や語りを通してみえてくる。子どもは親の膝下に入る」(片岡、一九八八、一九〇頁)という。

例えば、説経「かるかや」は父親による家捨ての話である。九州六か国の領主・加藤左衛門重氏は、世の無常を感じ、法然のもとを訪ね、一門一家を捨て出家し、妻子には会わぬ、還俗はしないという大誓願を立て、苅萱道心となる。子の石童丸は父を求めて高野山を訪ね、道念坊となるが、二人とも、互いに名のりあうことなく、高野山に住まうことになる。が、父・苅萱は、親子であることを悟られることを恐れ、信濃にいく。父・苅萱八十三歳、子・道念坊六十三歳、二人は同日同刻に往生する。

ところが、近世型に類型される寛文元年(一六六一)に発刊された説経「かるかや道心」では、「名のらず、つきはなし給ふを、邪慳と言はぬはなし」と父・苅萱を責め、法然の前で妻子に会わぬと誓いを立てたにもかかわらず、法然自身は、「筑紫(福岡県)より幼なき者が尋ね参り候が、此寺に(御身が)候はば、誓文を許し、会はせうすれども……」(片岡、一九八八、八一頁)と述べる。「捨てた家の再興・修復」をはかる話へと変化しているという。

③「十七世紀後半になると、親子関係の新しいタイプが示される」(片岡、一九八八、一九〇頁)。それは、板挟みものに象徴される親子の葛藤や、不条理のなかに生きる親子の姿であった。

まず、近松門左衛門(一六五三 - 一七二四)六十三歳の作品「国性爺合戦」(一七一五)である。先生によると、ここには、二つの葛藤が描かれているという。まず同心円型の葛藤である。それは、我が子を犠牲にして主家の若宮を助けた呉三桂の葛藤、そして、義理の母・渚と継子・錦祥女との間に見られる葛藤、すなわち、両者の義理立てである。これらは、同質的な家族という世界の中で起こる葛藤である。これに対して、もう一つは、多重円型の葛藤である。

多重円型の葛藤とは、義理の娘・錦祥女を殺すのは日本人としての母・渚の恥であり、母に助力しないのは中国人である娘・錦祥女にとっても恥であるという思いである。それゆえ、錦祥女は自ら命を絶ち、義理の母・渚も自害した。また、いまは韃靼側にある甘輝にとって、妻・錦祥女は、明の忠臣・老一官につながることによって明側でもあるが、韃靼に服す甘輝の妻という点では韃靼側である。甘輝は、妻・錦祥女の自害を受け入れることで、明側に転じることができたのだという。

近松の作品『女殺油地獄』（一七二一）では、義父の息子・与平衛に対する「遠慮」と、実母の与平衛に対する「つくろい」が、息子・与平衛の人間形成にゆがみをもたらす様が描かれている。与平衛は、今宵のうちに四両の借金を返さねばならぬが、その目途が立たぬ。油問屋のお吉に無心するが、断られる。子を思う親、親を思う子、主人を思う妻、そして隣人を思う市井の人々、そこには善意にあふれた思いはあるが、結果的に「不条理な殺人劇」を招くことになる。

近松死後、浄瑠璃の世界では、竹本座の竹田出雲・並木千柳・三好松洛の共作による『菅原伝授手習鑑』（一七四六）、『義経千本桜』（一七四七）、『仮名手本忠臣蔵』（一七四八）が登場する。先生によると、これらの作品には、封建社会の中で君主への忠義のため、子どもの身代わり死を選ぶ親や、親に従う子の姿が描かれているという。

④子殺しにみる親子像

先生は、主家の子どもを救うために、家臣が自身の子どもを身代わり死にする話があることに注目してきた。『四谷怪談の女たち――子殺しの系譜――』（一九九三）では、近世の子殺しにまつわる作家による作品の特徴を整理している。それによると、

「近松のわが子殺しは、『親主導型』の多いことから、『親の義理人情の相克』の悲劇として示される。黙阿弥作品のわが子殺しは、『子納得型』や『子主導型』の多いことから、『子どもの義理人情の相克』の悲劇として示される。

これらに対して、南北作品のわが子殺しは、『偶発型』『抗争型』『不本意型』の多いことから、崩壊期の無秩序な混乱の中の『惨劇の力』として示される。

ここでいう「惨劇の力」とは何か。それは「惨めさをそれとして受けとめ、そこに人間存在の意義を問」い、「化政期の現実を直視して、涙すら最早救いとはならぬ人間疎外の状況から、執着に生き、執着の中にくすぶり続ける力」である」（片岡、一九九三、二一〇頁）という。

実際に、「四谷怪談」のなかで、お岩の犠牲になった人物は、七人または八人に及ぶという。これは、お岩の民谷伊右衛門（お岩の夫）に対する私怨と私恨によるものであり、「伊右衛門の再婚と再就職を破壊し、彼の一子（お岩自身の子）の命を奪い、生ある限り彼につきまとうことになる」（片岡、一九九三、二三一頁）。実は、当初、『忠臣蔵』と『四谷怪談』は、ペアで演じられていたそうで、先生は、先行研究を引用し、「義士と賞讃された四十七士のパブリックな公的仇討（『忠臣蔵』の世界）と、名もない市井のお岩・お袖姉妹のプライベートな私的仇討ちとが、みごとに相対化され」（片岡、一九九三、三三一頁）ていると読む。

プライベートな仇討が人々に「驚きと恐れ」で持って受け止められ、やがて時を経てパブリックな仇討として認知されることとなる。先生は、ここに、虐げられた人の、すなわち、女のレジスタンスと「近代的自我のめざめ」を読みとっている。

(2) 人々は何に共感したのか

先生は、分析対象とした謡曲、説経、幸若舞、古浄瑠璃、金平、義太夫節、歌舞伎などのなかから、注目に値する語り物の親子関係について読み解いた後で、登場人物の心情を推察するとともに、当時の人々がどこに共感したのかを考察している。いくつか、それらを取り上げてみたい。

まず、先に見た説経「さんせう太夫」である。「中世に語られた説経には、中世の日本の庶民、とくに最下層、の人たちの苦しみや恨みや憧れが、様々な形で示されていることになる」。そこには、「漂泊する者の心労、搾取される者の苦悩、差別への憤りと恨み、が示されている。しかし、反面、家系や世俗的権威、呪術的なものへの憧れもある」(片岡、一九八八、一二一頁)という。

「かるかや」では、「名のろうとして名のれない父、子を抱こうとして抱きしめることのできない父の悲しさと、父が傍らにいて父を知らずして一生を過ごす子のけなげさが、庶民の多くの共感を得たのではないか」(片岡、一九八八、六六頁)と当時を生きた人々の心情を解する。

さらに、『女殺油地獄』では、「継親と継子の入った家族関係が、どんなにホンネとタテマエの深刻なずれを生むか。今までの『父母もの』の芸能の語らなかった問題である。『よき継父』であろうとしてありえない『遠慮』と、『よき実母』であろうとして果しえない『つくろい』が、人間形成のうえにも不条理を生むことになる。与兵衛の人間形成には、ほんとうの『父性原理』が働かず、また他面、ほんとうの『母性原理』も働かなかった。それが、お吉へ甘えを求めた一因になったかもしれない」(片岡、一九八八、一三八‐一三九頁)と、継父の心情と実母の心情に理解を示しつつ、今日を生きる親の心情との共通点を見出してみせる。

さらに、これまでとは趣向が異なる南北劇に対しては、「理屈抜きで、いったい何が面白くて、南北劇は文化文政期の人々に受けたのだろう」(片岡、一九九三、二六六頁)と問いかけてみせる。これに対して、「たしかに南北劇には、濡れ場と殺し、愛と死、の二つの非日常性がみられ、それがよく強調されもする。しかし、そのような殺しと濡れ場の題材よりここでいっそう注目されているのは、『おかしみ』と『次から次へと転がし』ていく『小気味よさ』である」(片岡、一九九三、二六七頁)と述べている。笑いとテンポ、この二つがあるからこそ、観客は、「馬鹿馬鹿しい」とは思いながらも「面白く見てしまう」のではないかとしている。

4　おわりに

中世の親子像の中では、悲しさやはかなさに訴えるところがあるように思われるが、時代を下るにつれて、思うようにいかない歯がゆさに共感したり、作中の人物が置かれている状況と観客が自身が置かれている状況を照らし合わせ、市井の人が立ち行かない状況のなかでも精いっぱい生きようとする姿に、人々は歓喜したのではないか。

特に、封建制度、家父長制のなかでは、子どもが親の身代わりになり死ぬ場面や、君主への恩義を貫くために親が子を犠牲にする作品が登場した。これらは、確かに見る者にとっての涙をそそる話であり、家を守るために人々がいかに力を尽くしたかを見てとることができる話であった。

加えて、南北劇は時代の革新性に満ちている作品ではあったが、頽廃的な文化のなかにあって人々に刺激を与え、それを「笑い」と「可笑しさ」に変え、人々に生きる活力を与えたのではないか。作者の南北は、体制に対するレジスタンスを垣間見せつつも、それをうまく隠し、笑いとテンポの良さで、庶民がその恐怖を追体験できる劇作にしたてあげた。むしろそこには、この時代を生きる人々に、反面教師的な生き方を示しつつ、庶民にとっての倫理観を育てる作品に仕立て上げていた側面もあったのではないか。古典大衆芸能の中に描かれた、親と子を見ることによって、特に親の側には、今の自分に問いかけをする契機となり、演じ手を見ることを通して感情を揺さぶられ、泣き笑いをし、そのことが、明日への生きる活力を蓄えることになったということであろう。

先生が古典大衆芸能に描かれた親子関係を研究対象としたのは、理由があった。当初から、『テレビっ子の教育』（一九六二）、『学校子ども文化の創造』（一九七八）、『情操の教育』（一九八五）を執筆し、人間が持つ感情の問題に関心を持っておられた。それは、「人間の感情の表出」や「自己表現」にかかわる問題が教育にとって大事であると考えていたからであろう。P・アリエス（一九八〇）をはじめとするアナール派の社会史研究の影響を受け、当時を生きた人々の思い、家族の中での親子関係のなかで生起する感情を現代によみがえらせたのが、先生の仕事であったと言えよう。その時代に受け入れられている文芸やマス・コミュニケーションがどのように人間形成に作用するのか、結果としてどのような人間が形成されているのか。家族という小集団を対象に据えることで、そこでの人間関係が子どもに与える影響を取り出してみようとした。

文芸、家族という小集団、親子関係の機微、時代を通じての共感と感情の表出、このあたりに、片岡徳雄先生がめざした「文芸の教育社会学」の核心があるように思う。

注

1　この指摘は、文芸が人間形成に与える影響に限らず、今日、大学教育のなかで関心事となっている学修成果の可視化にもあてはまるものであるかもしれない。文芸というメディア、学校というメディアによって、結果として、個人や社会のなかに、何が形成されるのかを見てとる必要がある。

2　それぞれの親子関係が描かれている場面は次のとおりである。まず、『菅原伝授手習鑑』（一七四六）である。松王丸は今は菅丞相（菅原道真）の敵方・藤原時平の舎人となっている。松王丸は、菅丞相の子、菅秀才の代わりに、我が子小太郎を身代わりとして寺入りさせていた。松王丸は、首実検にて、我が子の首を見ながら、菅秀才に間違いないと言う。

『義経千本桜』（一七四七）の「すし屋」の場面である。いがみの権太というならず者は、父・弥左衛門に、金のため、父親が匿っていた平維盛の首と、維盛の内侍と子・六代を鎌倉から来た梶原景時に渡してしまったという。これを聞いた父・弥左衛門は権太を突き刺す。権太が実際に渡したのは、家来の首で、自分の妻と息子を身代わりにしたのであった。権太の死は討ち死に終わる。

『仮名手本忠臣蔵』（一七四八）六段目、七段目である。事の発端は、自分にとって大事な夫・勘平を塩冶家の武士として帰参させたいという妻・お軽の気持ちからであった。お軽から「身売り」の話を聞いた父・与市兵衛と母・かやは承知し、金を用立てる。猪狩りに出ていた勘平は、誤って鉄砲で人を撃ち、手付金五十両を持った舅・与市兵衛を殺してしまったと思い込み、自らの命を絶つ。この悲劇は、「勘平という身分の違いの聟に対する大きな誤解と遠慮」（片岡、一九八八、一七一頁）、そして勘平自身の「早まった」思い込みから来ているという。

引用・参考文献

・アリエス、フィリップ、杉山光信・杉山恵美子訳『〈子供〉の誕生』みすず書房、一九八〇年。
・池澤夏樹編集『日本文学全集一〇 能・狂言　説経節　曾根崎心中　女殺油地獄　菅原伝授手習鑑　義経千本桜　仮名手本忠臣蔵』河出書房新社、二〇一六年。
・片岡徳雄編『学校子ども文化の創造』金子書房、一九七九年。
・片岡徳雄『テレビっ子の教育』黎明書房、一九六二年。
・片岡徳雄、高萩保治『情操の教育』放送大学教育振興会、一九八五年。
・片岡徳雄『日本的親子観をさぐる「さんせう太夫」から「忠臣蔵」まで』日本放送出版協会、一九八八年。
・片岡徳雄『日本の親子像――古典大衆芸能にみる』東洋館出版社、一九八九年。
・片岡徳雄『四谷怪談の女たち――子殺しの系譜』小学館、一九九三年。
・片岡徳雄「わが子殺し劇の分析」片岡徳雄編『文芸の教育社会学』福村出版、一九九四年。
・田中健次『図解日本音楽史増補改訂版』東京堂出版、二〇一八年。
・室木弥太郎『増訂語り物（舞・説経古浄瑠璃）の研究』風間書房、一九八一年。

4　方向転換にみる連続：片岡先生を読む

賀　暁星

1　片岡先生の方向転換

人文・社会科学領域において、様々な思想的転回が指摘される時代である。なかでも、「言語論的転回」は大きなインパクトがあったように思われる。言語を分析するように社会的現象を分析すること、テクストを読むように文化的現象を読むことなど、人々の思考様式を大きく転換させた。社会学は、長い間、実証主義の旗を掲げて自然科学のように客観的、普遍的知識の追求を学問の真髄としてきたが、「言語論的転回」などの思想革命によって、二項対立的ではなく、もっと多元的に、複雑に、人間および人間関係、行為の展開、さらに感情そのものを理解する立場を標榜するようになった。

ところで、わたしの学習生涯において、「言語論的転回」に勝るとも劣らない大きな感動を覚えたもうひとつの転回があった。片岡先生における研究の方向転換である。これは一言で言えば、「教育」社会学から「教育社会」学への転回と言ってもよいかと思われる。これについて少し触れておきたい。

片岡先生の研究業績をみればわかるように、研究は概ね前期と後期とに二分できる。前期では、授業や学級の社会学研究がメインであろう。片岡先生は博士課程において、研究室の共同研究――「授業の社会学的実証研究」に参加し、それをベースにして「教育過程の人間関係的研究」と題する学位論文をまとめている。後期において、古典大衆芸能における親子像などの研究に目を向け、文芸の教育社会学への方向転換を試みた。先生自らも「方向転換」の言葉を使っている。「若干の方向転換がある。学級、授業の人間関係的側面から、価値的側面への傾斜である。これはさらに高じて、学校教育の枠を超え、文芸一般の人間形成力、さらには文芸にみる心性史としての古典大衆芸能の親子観、の研究に及んでいった」（片岡、一九九四、一一頁）。

実を言うと、一九八〇年代、まだ広島大学の院生で、不勉強だったわたしの目には、この方向転換は、最初、とても不可思議だった。専門領域が教育社会学なので当然「教育」、なかんずく授業や学級などの狭い意味での「学校教育」を研究対象にするべきだと理解していたのに、先生はなぜか時間の多くを日本の古典大衆芸能に、とくに歌舞伎や浄瑠璃の分析に注ぎこんだのである。そのおかげで、私にはそれまで全く縁のなかった近松や鶴屋南北などの知識が少し増えることになった。しかし、現代日本語の習得に精いっぱいだったわたしにとって、古代日本語テクストなど非常に高いハードルとなり、学習材料として少しも親切なものではなかった。当時の私の正直な気持ちを言えば、歌舞伎や浄瑠璃などできれば近づきたくないし、「方向転換」の意味もなかなか理解できる状況ではなかったことを記憶している。その後中国に帰国し南京大学の社会学専攻で教鞭をとるようになり、教育社会学分野を中心としながらも、それとの関連で周辺諸科学等に学びの範囲を広げるにつれて、この「方向転換」の深意も、すこし理解できるようになった。現在の私にとって、先生の研究はますます魅力のある学問にみえてくるし、私自身も、詩や小説などを材料にして、教育社会学の研究を試みている。

2　授業と学級づくり

片岡先生は、大学の授業に関する研究も一時期視野に入れたことはあるが（共編『大学授業の研究』玉川大学出版部、一九八九）、主として先生の授業研究は、小中学校の授業に照準を絞ったものである。小集団としての学級、そのなかで展開される授業である。のちに、研究成果の多くは、個を生かす学級集団づくりなどの貴重な実践として、大きく実った。

大学の場合と違って、小中学校の授業は、主に学級というある程度固定した小集団において展開されるものである。ゆえに小集団としての授業研究、学級研究が成り立つ。授業や学級の社会学的研究は、多くの社会学者、とりわけパーソンズ（T.Parsons）やホマンズ（G.C.Homans）、レヴィン（Kurt Lewin）などの小集団研究から成果を取り入れ、集団の構造や機能、ダイナミックな過程などに注目して学問を組み立てる。片岡先生も、早くも一九七一年において、ミルズ（T.M.Mills）の『小集団社会学』（共訳、至誠堂）の翻訳に着手し、日本に紹介した。ここでは次の二点を指摘しておきたい。

まず一点目は、アメリカの小集団社会学を日本に紹介した功績は勿論であるが、その翻訳出版に先んじて、片岡先生は授業と集団の問題に関する貴重な研究成果を公表していることである。一九六三年に黎明書房から『授業の人間関係』、一九六五年に明治図書出版から『集団学習入門』、そして一九七一年に再び黎明書房から『学習集団を創る』と題する単著をそれぞれ出版しているし、また論文も寄稿している（「授業の集団過程」一九六八）。これらの研究において、アメリカ社会学者が提起した小集団社会学の理論を日本の教育現場を視野に入れたうえで、原理的に、しかも日本的に考える姿勢が読み取れる。「授業の集団過程」の中で、片岡先生は授業場面を構成する基本要素として、学習内容、学習者、そして人間関係の三つを指摘し、「この学習内容（文化の一形態としての）と主体と人間関係との相互的関連が、授業の最も基本的な構造とみなされるのである」（片岡、一九六八、一六四頁）とし、「授業過程は、学習主体の心理的（主観的）過程でもあるし、同時に、人間関係上の相互作用の過程でもあ」り（片岡、一九六八、一六五頁）、「そもそも学習や教育を社会的事象としてとらえるとき、この「人間関係」はキイ・ポイントをなしている」（片岡、一九六八、一六三頁）と書く。こうした記述からもわかるように、「人間関係」が非常に重要視されている。「人間関係」が文化的、社会的事象である以上、極めて日本的に問題提起できるし研究の視野に入れることができる。片岡先生の授業研究、学級研究の理論構築・実践構築に、早くから文化や社会への関心が含まれていると指摘できよう。

次の二点目は、心情や感情を重んずる点である。片岡先生は、社会学者青井和夫の集団理論を踏まえつつ自らの授業モデルを構築して、こう指摘した。「授業のインプットとしての教師と学習者の行動をみるとき、われわれは、顕在的な活動（activity）と潜在的な心情（sentiment）とに関する、さまざまな性格に気づく。教師はともすれば考えるように、この場合の個々の学習者は、純粋に「学習目的にのみ志向した」人間ではけっしてないのである」（片岡、一九六八、一六九－一七〇頁）。小集団社会学は、ミルズの『小集団社会学』が代表したように、どちらかといえば、この「潜在的な心情」の面にあまり目を向けなかった。ミルズはその本の最終章こそ、「情動関係と集団の成長」のテーマで感情問題の議論に割り当てたが内容的に貧弱な感がないわけではない。『小集団社会学』全体が、小集団の研究法や、集団構造やダイナミックスの過程など、いわゆる集団のメンバーよりも集団の規則や機能など構造的な面を中心に構成されたのである。それに対して先生はより集団の中の人間、とりわけその感情の面を重んずる姿勢を示す。相互作用、活動、心情という集団三要素のなかで、先生はとりわけ第三の要素、つまり心情をキーポイントとして大いにいかしたといえる。小集団の概念にはもともと「第一次集団」の性格があり、感情、とくに家族的な親密関係を強調する意味合いが含まれている。ところがアメリカの社会学者においてむしろ「第二次集団」として論じられる場合が多い。片岡先生は親密な人間関係を大事にする「第一次集団」的な考察を授業や学級研究に取り入れたのである。「これ(――感情構造を指す)は、個々の学習者の相互の好ききらいの関係の問題よりも、学級の集団風土(雰囲気)の問題として考えられるべきであろう。ギッブ(J.R.Gibb)は、学級の学習にプラスする『支持的風土』と、それをマイナスする『防衛的風土』とを区別している」(片岡、一九六八、一八四頁)と指摘し、「凝集性の高い学級では、人間関係をあたためる方向にそのエネルギーが消費されることも多い」と片岡先生は書く(片岡、一九六八、一七四頁)。

「あたためる」という温度を感じさせる言い方をしているが、ここでいう「凝集性の高い学級」は、「支持的風土」をもつ学級であることは間違いない。片岡先生は「支持的風土」の要点を「楽しさや喜びを中心に、学級づくりをする」ところに求め(片岡、一九八一、一頁、まえがき)、さらに以下のようにまとめている。「支持的風土とは、(1)仲間としては、自信と信頼がみえる。例えば、自分がこの集団に適応しているという自信に満ち、みせかけを装う必要が少なく、感情と葛藤を気楽に示し、仲間に同調しない場合もそれを率直に示すことができるが、メンバーへの肯定的な感情をもっている。(2)組織としては、寛容と相互扶助がみられる。例えば、潜在的な敵意が少なく、争いが少なく、組織や役割が流動的である。(3)目標追求に関しては、自発と多様が多い。例えば、その追求の方法は、正直で、率直で、開放的で、上下、左右のコミュニケーションが多く、積極的な参加が多く、全員が自発的・創造的に仕事にかかり、多様な評価がなされる」(片岡、一九八七、四五頁)。

「個を生かす」をキャッチフレーズにしている先生の学級づくりの理論と実践は、「支持的風土」のなかで展開されるものであり、「楽しさ」や「喜び」などの温かい感情的な要素が内包されているものである。

3 「教育社会」学のまなざし

「方向転換」と片岡先生は自ら言葉にしているが、私の理解では、「転換」という表現に、断絶と連続の二面がある。テーマ的に、また研究法的に、ある程度の断絶があったように思われる。小集団社会学において、一時、実験的な方法が科学的な研究法として唱えられていた。片岡先生の授業研究・学級研究においても、実験的な方法が使われた。集団主義学習を批判した研究において、支持的風土と防衛的風土がもたらす学級づくりの違いを、実験法で明らかにしている。後期における文芸の教育社会学的研究を見ると、研究法としては、内容分析が多く用いられることがわかる。また研究対象の面では、学校教育から家族における親子像・親子関係という転換も確かにあった。その当時、「教育離れ」をしたのではないかと錯覚したのは、私一人であろうか。

「転換」に断絶よりも連続をみたいというのが、私の現在の心情である。「日本的」なものと「感情的」なものを重んずる点において片岡先生は首尾一貫している。先生の研究には、常に「日本的」を問う学問の努力があった。一九七〇年代小中学校を一時風靡した「日本の集団主義教育」に対して「教育病理」と喝破し、「進歩・革新」ではなく実は「極端な全体主義的・権力集中的、訓育主義的な集団論」だと厳しく糾弾した姿勢には、「日本人及び日本の教育界がかくも大いに集団主義を受け入れる、背景や伝統は何であったか」（片岡、一九九〇、一〇四-一〇五頁）と問おうとする「日本的」な関心があったと言わねばならぬ。先生自身は「歴史的・比較的視座」という言葉を用いるが、「日本の学校現場の『教育問題』の解明に止まらず、日本に独自な『教育社会』の解明へと止揚」する（片岡、一九九〇、一〇四-一〇五頁）問題意識およびその探求は、単なる歴史研究、比較研究を超える「『日本独自』の問題構造の解明」（片岡、一九九〇、一〇四-一〇五頁）へつながる貴重なものとして理解されたい。

私自身、「教育社会」という言葉に大きく開眼させられた。教育社会学をずっと「教育」の社会学として理解していた。すなわち、社会学の理論や方法を用いて教育現象・問題を切り込む学問として捉えていた。この学問の特色は、研究対象よりも研究方法または理論にあると思っていた。そうではなくて「教育社会」に関する学問だというもう一つの理解を、片岡先生に納得させられその魅力を気づかせられたのである。研究対象としての「教育社会」をどう理解すればよいか。これは教育に関する行為・慣行・イデオロギー・制度などを表す概念であり、「『日本に独自な』ものや『日本的なもの』とはなに」かを問う概念であると先生は言う（片岡、一九九〇、一〇五頁）。「学歴社会」（この言葉は、教育社会学領域において長らく使われてきた）の意味で「学校教育の資格を重んずる」社会ではなく、「日本の歴史的変遷の考察と日本以外の様々な社会との比較」を十分意識したうえでの、「エリート・学歴・教師・家族・母親などに関する」教育的慣行を問うことを教育社会学の進む方向とみなすわけである。それゆえ、先生は「教育社会」学のまなざしで歌舞伎や浄瑠璃などを手掛かりに、「『日本的なるもの』を求める一つの試み」（片岡、一九九〇、一〇七頁）

として「日本的親子観」を探り、文芸の教育社会学研究の領域を開拓したのである。

大著『日本人の親子像——古典大衆芸能にみる』では、「室町時代から江戸初期まで、十五・十六・十七世紀の約三百年間の様々な芸能作品を分析」した（片岡、一九八九、三八五頁）。能楽、幸若舞、説経、古浄瑠璃、金平浄瑠璃、土佐浄瑠璃、近松浄瑠璃などにおける親子像を、内容分析、とくにタイプ抽出の手法で詳細に明らかにした。なかでも、とりわけ近松浄瑠璃についての、「親子が織りなすストーリーの展開全体を追ってゆくよりも、親子の直面する悲劇的状況そのものを焦点的にみてゆく」分析（片岡、一九八九、三〇〇頁）が私の興味を引く。先生は近松浄瑠璃において、「その葛藤解決に親子が示すパターンはおおむね、この葛藤をどう調和するかに、焦点をおいたものであ」り、「現代の日本人にみられる『調和主義』や『間人主義』を育成した背景の一つには、じつはこのような芸能の表象もあったかもしれない」と一応指摘しながらも、近松浄瑠璃のもうひとつ際立つ特色を鋭く捉えた。つまり「近松には『心中もの』や『不条理もの』がある。それらにからんで示された親子像は、調和を求める右のパターンとは異なり、個我の強烈な自覚を示すものである」（片岡、一九八九、三八八頁）。

この「個我の強烈な自覚」についての更なる分析は、『日本人の親子像』の三年後に世に出された『四谷怪談の女たち——子殺しの系譜』（小学館）において集中的に展開される。分析の対象は、鶴屋南北の歌舞伎劇にかかわる。これはある意味では、『四谷怪談』を材料にした事例研究とみてよい。先生の材料を切り込む手法は誠に冴えている。まず、母親が自分の意志でわが子を殺す行為に注目し、なぜかを問いかけ、親子像を浮き彫りにさせる。そして「さかさま」の原理を指摘し、「強烈な自覚」における「強烈」さを鮮やかに論じる。

いうまでもなく、わが子殺しの行為は、伝統的な「日本人の母」なるイメージから遠く隔たるように思われる。遠く隔たるからこそ、わが子殺しの現象に接するときのカルチャーショックともいえる体験が、知的追求のきっかけをもたらしてくれる。これについて先生の貴重な体験談がある。古典大衆芸能の研究に着手するが鶴屋南北劇に大きく戸惑いを感じる。「筋は複雑にして怪奇、登場人物は入り乱れ、親子像など皆目みえはしない。ほとんど投げ出したくなった一九八八年三月、前進座が広島で「解脱衣楓累」を公演するという。南北劇――何の気もなく観に行った。終幕近く、憎い男・空月との間に生まれたわが子を、累に乗り移った亡霊・お吉が川に投げ捨てる。人形（赤子）がツーと下手に流れてゆくので、観客は思わず笑う。私も笑う……（待てよ？）と思った。（親がわが子をわが手で殺す！）この非日常性の中に、南北の果敢なメッセージがあるのではないか。一条の光にうたれる思いだった。以後、この光が「四谷怪談の女たち」の分析まで、私をずっと導いてくれたように思う」（片岡、一九九四、二一-二三頁）。

「一条の光にうたれる思い」をした幸せが実感できる。社会学的な研究においては、既成の理論や方法の駆使よりも、まずありきたりの日常生活に敏感に反応し、平凡の中に波乱万丈を見抜く素質と能力が問われる。学問は生活と切り離してできるものではないことを先生に教わったのである。そうでなければ、「一条の光にうたれ」る幸せはけして巡ってくることはない。こういう素質と能力が抜群の先生が、「さかさま」の原理にも気づき、『四谷怪談』にみられる母親の個の強烈な主張を見事に析出した。

まずは個の主張。『四谷怪談』は夫の伊右衛門に騙し殺されたお岩を主人公にしている。主人公の復讐の話である。片岡先生は、この復讐に、男性に対する女性の、さらに日本の男性中心のイエ制度に対する女性の個の主張・個の確立をみている。そしてさらに、「日本人的な親子関係というのはどんなものか」、「日本人の描いた作品の中にこのような親子像があっ」ていいか（片岡、一九九三、二九六‐二九七頁、あとがき）、まさに家族・母親に関する教育的慣行、つまり「教育社会」を問おうとした。「私がいちばん目を見張り、深く考えさせられたのは、四世鶴屋南北の歌舞伎に示された、冷酷なまでの親子像であった。どんな作家や作品と比べても、それは見事なまでに『日本人離れ』したものであった」と先生は書く。さらにこう続く。夫伊右衛門の場合、「騙し殺した女と自分との間に生まれた子であろうと、とにもかくにも自分のイエの『根葉を絶やさぬ』ものがあればよい。男はイエ存続にしがみつくが、失うものとてもう何一つない女からみて、それは、嘲笑うべき『男の弱さ』であり、『地獄をみた』女の強さとの落差である。まさに、いじめ支配していた男性といじめられ屈服していた女性の、社会的さかさま（逆転）関係を示すものである」。実は南北劇は、「このようなイエの重みが全くなくなった女の立場からする『わが子殺し』を見せる」作品である（片岡、一九九三、二〇〇頁）。

次に「強烈」さ。驚いたことに、イエ存続の保証である子が、女性に逆利用され復讐の道具になる。目的としての子と道具としての子、この隔たりは大きい。まさに「冷酷なまでの親子像」と言わねばならぬ。「冷酷」という強烈なイメージをいっそうきわだたせるのに、片岡先生は鶴屋南北の「さかさま」の手法に目を向ける。騙し殺されたお岩は、亡霊となって自分の意志でわが子を食い殺す。後に産女姿で現れ、夫に甦ったかにみえる赤子を手渡して、再び石地蔵に化する。「妊娠中に死んだり、出産中に大量出血して死んだ若い女の霊が、赤子だけでもこの世に戻したい」（片岡、一九九三、一九五頁、宮田登『ヒメの民俗学』からの引用）と執念する「産女」の民俗信仰を「さかさま」にとったところに「特異な毒」があり、「したたかな攻撃」があると片岡先生は指摘する。「（さかさまの幽霊の）さらに深い地平に横たわっていたイメージは、『さかさま』

そのものが担った畏怖すべき攻撃性ではなかっただろうか。『さかさま』には不可思議な霊感が備わる。『さかさま』には日常的な平穏や無事に向けて戦いを仕かけるデーモンの激しいエネルギーが鬱積しているのではないか」と服部幸雄を引用しながら、「さかさまはたしかに、このような物理的さかさま（倒置）に限らず、社会的さかさま（逆転）においていっそう激しい攻撃性を示す。……赤子を抱いてさかさまに舞台へ現れるお岩は、もはや産女信仰からまったく独立した、鋭い攻撃の刃そのものになっている」と片岡先生は書く（片岡、一九九三、一九八頁）。

「冷酷」と前出の「あたためる」や「楽しさ」「喜び」とはまったく逆方向とはいえ、感情を表す言葉という点では相違ない。片岡先生は、「個を生かす学級づくり」の前期から、個の問題に注目し、個の主張・確立およびそれに絡む感情の問題へ強い関心を示し続けてきた。後期の文芸研究においても、この姿勢は変わっていないと思われる。「教育」社会学を「教育社会」学へと「方向転換」することによって、先生は「日本的」とは何かを問い、さらにいままで教育研究の視野になかなか入らない対象にも材料にも、豊かな分析の可能性をもたらしてくれている。『四谷怪談』の解説をつとめる鳥越文蔵氏が、「南北の作品に登場する人物は並の人間では真似の出来ないような『極』付きの表現がふさわしい人物が多い。しかもいわゆる真面目な人間ではない。だから教育学の研究対象になどなるものではないと思っていた」と告白し（片岡、一九九三、二九四頁。鳥越文蔵、解説「教育学者ならではの人物解釈」）、片岡先生自身も「南北の同時代からして南北劇は総体に『不良文化』とみなされた」と認識しているが（片岡、一九九三、二七一頁）、あえて「不良文化」に教育的慣行の価値問題を考える可能性を見出すところに、私は深く感銘を受ける。

最後に、先生に感動させられた、感情溢れ出る名言のひとつを用いてこの文の結びにしたい。「もとより研究はロゴスの世界であり、情念の入りようもないシステムだとは承知しているが、苦しみ楽しむことで、思いもよらぬ助け船が現れる。『研究にはたらく私の心性』とでもいうべきか」（片岡、一九九四、三頁）。

引用文献

・片岡徳雄「授業の集団過程」大河内など編『教授と学習』（『教育学全集四』、小学館、一九六八）
・片岡徳雄編著『全員参加の学級づくりハンドブック』（黎明書房、一九八一）
・片岡徳雄『学習と指導――教室の社会学』（放送大学教育振興会、一九八七）
・片岡徳雄「第一一章　マスコミと文芸」片岡徳雄編『教育社会学』（福村出版、一九八九）
・片岡徳雄『日本人の親子象―古典大衆芸能にみる』（東洋館出版社、一九八九）
・片岡徳雄「教育社会学の歴史的・比較的視座――日本的なるものをめぐって」『教育社会学研究』第四七集、一九九〇）
・片岡徳雄『四谷怪談の女たち――子殺しの系譜』（小学館、一九九三）
・片岡徳雄「まえがき」片岡徳雄編『現代学校教育の社会学』（福村出版、一九九四）

5 片岡徳雄先生のご経歴と教育学部長としての業績

山崎博敏

　片岡徳雄先生は、昭和六年二月六日、高知市にお生まれになり、高知師範学校を卒業後、昭和二四年六月に新制広島大学教育学部教育学科に第一期生として入学され、昭和二八年三月に卒業された。その後、同年五月に新設された広島大学大学院教育学研究科教育学専攻に入学され、昭和三〇年三月に同研究科修士課程を修了された。引き続き同研究科博士課程に進学され、学級集団の研究に邁進され、大阪府教育委員会事務局職員（教育研究所勤務）への採用を機に昭和三四年三月に同課程を単位修得退学されたが、その後博士論文を提出して、昭和三七年二月に教育学博士（広島大学）を授与された。新制広島大学大学院教育学研究科の最初の課程博士であった。博士論文はのち『学習集団の構造』（黎明書房）として昭和五四年に出版された。

　戦後教育改革で新たに大学院が制度化されたが、広島大学には旧制帝大と同等の博士課程を有する教育学研究科が設置された。片岡先生はその第一期生として入学され、戦後新しく我が国に導入された教育社会学の新進気鋭の研究者として学界にデビューされた。以来、学級集団を中心とする教育社会学の実証研究を推進されるとともに、学校現場にも足を運び学級の実践研究に関わられた。教授昇進後は、文芸や演劇、情操や感性、個性の領域にも研究を拡大された。広島大学定年退職の時点で、刊行した著書・編著五一（うち単著一四冊)、学術論文九二、翻訳書七、啓蒙雑誌論文は二〇〇篇を超えていた。その後も活発に著作物を刊行され、生涯の著書・編著数は五六(うち単著二〇冊)、三つの監修図書二四冊を加えると八〇冊にもなる。質量とも日本の教育学界を代表する研究者として活躍された功績は著しい。

先生の研究業績は大きく三つの領域にわけられる。

その第一は、教授=学習過程の社会学的研究である。授業・学級・学校に見える教育=学習事象を人間関係から実証的に研究する視点は、当時、前人未到の独創的なもので、提出した博士論文「教育過程の人間関係的研究」は、広島大学の新制大学院で授与された教育学博士の第一号の対象となった。さらに、その後展開された共同研究『集団主義教育の批判』(編著、昭和五〇)は、スターリン主義下に生まれたマカレンコ教育学に範をとる日本の集団主義教育の全体主義的・権力主義的特色を論証し、日本の戦後教育の流れを変えた研究と称された。その後、研究は『個を生かす集団づくり』(昭和五一)、『個を生かす集団指導実践大系全一八巻』(監修、昭和六一)などと発展したが、そこで提唱された「個性尊重」の視点は、臨時教育審議会答申(昭和六二)の「個性重視の教育」の日本における先駆けとなり、今日の我が国の教育の指導理念となっているといってよい。その後もこの研究は『大学授業の研究』(共編、平成元)、『特別活動論』(編著、平成二)などの業績として結実した。さらに、華東師範大学(中国)、ミシガン大学などから求められた論文(昭和六〇、平成元、平成四)や、中国語に訳出された論文集『班級社会学』(北京教育出版社、平成五)は海外からも注目された。

第二の研究領域は、学習内容の社会学的研究である。『学校子ども文化の創造』(編著、昭和五四)、『情操の教育』(編著、昭和六〇)、『教科書の社会学的研究』(編著、昭和六二)、『子どもの感性を育む』(平成二)、『個性と教育』(平成六)、『文芸の教育社会学』(平成六)などを出版した。日本の高度経済成長後の人間形成の内容的問題に直結するこの研究は、社会的に注目されるとともに、「感性」「個性」の心理学的研究に社会学的視点を付与したことは学術上の大きな功績である。

第三は、親子関係に関する社会史的研究である。日本の古典大衆芸能――能・説経・幸若・浄瑠璃・歌舞伎など――にみられる親子像の分析は、学際的研究として歌舞伎学会、国文学会、女性史学会などにも衝撃をあたえた。『日本的親子観をさぐる』(昭和六三)、『日本人の親子像』(平成元)、『四谷怪談の女たち』(平成五)などは、中世から近世に至る一〇〇〇点を超える翻刻作品を踏査した画期的な研究成果である。

以上、その研究領域は学級・学校・家族・文芸・感性に、またその研究手法は実験・調査・推計・歴史的の各種方法に及んでいるが、一貫して追究されたのは「日本の青少年の個性形成の社会学的研究」であった、といえよう。

先生は、学界においては、日本教育学会理事(昭和六一―平成七年)、日本教育社会学会理事(昭和四九―平成二、平成五―六年)、中国四国教育学会会長(平成二―四年)などを務めた。さらに平成六年六月には日本子ども社会学会を創設し、その代表理事に選出され(平成六―八年)、会長を務められた(平成九―一一年)。教育学、教育社会学の学術研究の振興に貢献した功績は極めて大きい。

広島大学においては、大学改革委員会委員(昭和四四―四六年)として紛争処理と大学改革に参画し、統合移転委員会委員として移転地の視察、決定にかかわった。その後、評議員(昭和六二―平成三年)として教育学部と福山分校との統合に尽力し、教育学部長（平成元－三年）に就任後は平成元年度の東千田町キャンパスから東広島キャンパスへの学部移転統合の衝に当たるとともに、ペスタロッチー教育賞、教育学部後援会を設立された。ペスタロッチー教育賞は平成四年度から優れた教育実践をおこなっている個人や団体を顕彰しており、二〇二一年度は三〇回目を迎え、広島大学の社会への発信に貢献している。教育学部後援会は保護者の団体であり、教育学部内に設置された「就職情報資料室」や就職説明会、実技補習指導の課外授業などに助成しており、学生の就職活動を大きく支援している。

先生は学部長在任中、学部長の任期を三年に規定変更され、潔く勇退されたが、統合移転した新学部の新しい事業として創設されたペスタロッチー教育賞と教育学部後援会が三〇年もの間継続していることは特筆すべきである。

社会においては、文部省の社会教育審議会臨時委員（昭和四一年八月－四二年三月）、学習指導要領改善協力者（昭和六一年四月－六二年三月）、学位授与機構・審査会専門委員を務めた。特に広島県では、高等学校教育問題検討会議副委員長（昭和六〇年七月－六一年三月）、新設高校整備検討委員会委員長（平成四年）などを歴任し、地域の教育問題の改善にも多大の貢献を果たした。

また、全国集団学習研究協議会会長（昭和六三－平成五年）および個を生かし集団を育てる学習研究協議会会長（平成六－七年）として、全国の学校教育実践者を指導し、新潟から九州まで各地の教育の発展に大きな貢献を果たした。

II

片岡教育社会学のエッセンス

1 最終講義——研究にはたらく私の心性

本日はご多忙の所、また、ご遠方の所、わざわざお運びいただき、心からお礼、申します。せっかくの最終講義であります。

なにか、記念になるもの、と考えあぐねましたが、いい知恵がない。じつは、去年の、この時期、退官の方々のりっぱなお話をお聞きしながら、私、気が早いものですから、ふと思った。「研究にはたらく私の心性」。本日、けっきょくそういたしました。

というのは、私のやってきた研究の内容のあれこれよりも、そこに蠢いた研究者の心性。心の動き。それを手がかりにお話しする。その方が、専攻分野が多岐にわたっているこんにち、身近に聞いていただけるのではないか。レジュメ、一ページ。最初の要旨にもありますように、まず、Aとしまして、私の研究の自分史から、六つばかりのエピソードをつまみまして、それぞれを話し、それから、Bとしまして、総括、研究の私的心性の一般について話したい。けっして、過去を「省みて」だけに止まらないようにしたいですが、果たしてどうなるでしょうか？

つきましては、ここでいう「心性」とは何か、「私」とは何か。これらについては、最後に話すとしまして、まず、イントロに、私のある幼児体験を、告白しておきたい。

それは、私が五歳の時、母と姉とその他親戚の子ども二人、計五人一列に並んでとった一枚の記念写真。ここにあります。

ところが、それがたいへん、へんちくりんな記念写真であります。

どうしてへんか。

それは、私だけ、ソッポを向いて写っている。他の四人は前を向いて、当然ですが、写っているのに、私だけ（横を向いてゼスチャー）こうなんです。

どうしてそんな写真になったか。その秘密を、本人がとき明かします。


事の起こりは、親戚の家で、私の機嫌が悪くなった。なぜ、機嫌が悪くなったのか。その理由は、私、覚えてない。

覚えているのは、何か分らぬが、私の機嫌が悪くなった。で、庭に出て、写真を、そこのおじさんがとってやろう、とりましょう、という段になって、私は、「いや」といった。

サア、大変。大人たちは、連れてゆこうとする。私はテーブルの脚にしがみつき、抵抗します。大人たちは、私を手とり、脚とりします。私は脚をばたつかせます。

そのとき、（オオ、アレヤ）

突然思い出したことがある。

それは、この事件の一年ほど前、姉と私の二人で、近所の写真屋さんで、写真をとったことがある。その時、写真屋のおじさんが、くどいほど言いました。

「坊っちゃん」と私を指さし、「ここの」と今度はレンズを指さし、「この白いところ。これを見てないと、写真はうつらんよ。目をつぶらずに、ここを見てね。よーく、見てね。」

つまり、レンズを見つめて、まばたきをするな。

こういう注意だったんでしょうが、私が思い出したのは、

(あれだ。あの白いところさえ見なければ、オレは写真には写らない。よし。あれや。あれでゆくぞ。)

こう確信して、暴れておったすべての力を抜きます。すると。

大人や、子供たちは、「アア、よかった、機嫌を直してくれた」など、浅はかな喜びを語りあいつつ、私を庭に連れだしたんであります。

こうして私は横むいて、悠然としている。ぜったいに写らない確信犯であります。

このいじらしい心性。写真の中に働く私の心性。じつは、これはたいへん学術的な――かどうかは不明ですが――幼児心理学上のデータであります。

本学の山崎晃教授のD論文。幼児の弁別学習のタイプとして、レジュメにもメモしました熟慮型と衝動型。たいへん面白いご研究だったんですが、私のこの時の弁別というか行動は、どういうことになるだろう。もちろん熟慮とはいえません。衝動に近い。しかし、衝動だけとも言えない。なんというか。「こだわり型」とでもいうべきではないか?

ここで言う「こだわり」には、二つのものがある。

一つは人に対する抵抗。記念写真、いやといったら、ぜったいいや。という「こだわり」。と同時にもう一つ。「白いところを見ないと、写真は写らないよ」という写真屋のご託宣への「こだわり」。もっともこれは当方で取り違えたエラーの「こだわり」なんですがね。

幼児の奇妙な行動には、こんなものがある。これをどう考えるかは今後、幼児学の問題として、さて、これは、私の本日の講義にとって、何のイントロダクションになるか。だんだん、お話を進めたいと思います。

さっそく研究の自分史に入りましょう。

まず、第一は私がなぜ教育社会学をやるようになったか。それは「二つの山の谷間」へといった話。資料のA1であります。

学部三年生の時、研究室選びがあります。これは今もそうですね。いろいろ苦しむものです。

今、うちの教育学科は、九つの講座。四十年前もだいたいそうでした。私は新設の教育社会学。これを選びました。

いろんな理由がありました。

私は、哲学のもつ思弁性、論理性が弱い。私には、歴史屋のように資料をコツコツ掘る実直性がない。私には、法律や規定を取り扱う行政学のような厳正さもない。ただ一つ。私は、現実志向型。社会学が性分にあっていた。

しかし、この他にも、私を左右した、変な力学——心性上の力学があった。

当時の教育学科の教育社会学は講座として生まれたばかり。教授は末吉悌次先生、助教授は新堀通也先生。しかし、ここは、広島文理大以来の伝統からいっても、新生児でマイナー。いわば、二つの大きなレンズの谷間にありました。

一つの山は、長田新先生のペスタロッチー、フレーベルの観念派。もう一つの山は、皇至道先生の制度史を中心とした実証派。

私の肌あいとしては、皇先生の学風にむしろ親しみやすかった。先生の巧みな比喩などはとても好きでしたが、ここは敬遠しました。

あまりみんなが、皇、皇、皇、と草木もなびく。

私は、後年は、皇先生からいろいろ声をかけられ、お励ましも受けました。が、講座選択の時は、こみあっていたので、なんとなく目をそむけた。バカみたいな理由ですね。

一方の長田先生。個人的にサシでお話ししたこともついになかったです。名声さくさくたる方でしたが、しかし、これはちょっと正直言って、反発心。稚拙きわまる反発心。

学部二年のときの講義でこんなことがあった。(先生のまね。)

「オホン。ペスタロッチーは、教育という仕事の神聖さをたたえた。教育という仕事はりっぱなんだ。オホン」(ここまではよろしい。次が問題。)「それにひきかえ、キミ。電車の車掌はキップを切るだけ。田畑を耕す百姓は単純な仕事だよ。キミー。」

この先生の貴族趣味だけに反発して、先生が好きでなくなり、ついでに先生のいうペスタロッチーも嫌いになり、当時学部でやっていたペスタロッチー祭もアホらしくなる。単純なことで申し訳ない。

その自分が四十年後、ペスタロッチー教育賞を復活させるのに、資金を求めて汗水流す。バチがあたったんですね。

ま、それはともかく、自分の一生を決定する講座選びといったシリアスな第一歩を決する。そんなとき、浅はかな、エモーショナルなものもあったことを申した訳です。

さて、二番目の話。昭和四十八年、末吉悌次教授が去られ、教授になられた新堀通也先生の下に移りました。ちょうどその年。

日本教育社会学会から、課題研究として、「学習集団の研究」というテーマを与えられました。

そこで、これをやるのに、具体的な研究対象として、集団主義教育を選びました。私たちの講座の出身者と院生たちと共同研究でやろう、というのです。

当時、昭和四十年代と五十年代。この考えは全盛でした。日本の学校では、犬も歩けば集団主義教育に当たる。ほんと、そんな勢いでした。

ソビエットの社会主義社会で生まれた集団主義教育。スターリンのお墨付きをもらったマカレンコ。それに学んだ日本の集団主義教育。悪かろうわけがない。日本の進歩派、革新団体。こぞって、この考え方、この実践を支持していました。

考えて下さい。ゴルバチョフがソ連共産党の書記長になってペレストロイカ。それは昭和六〇年。この研究は、五〇年。ソ連崩壊の十年前なのです。ソ連、社会主義の神話はビクとも動いていない時代なんです。


しかし、この集団主義の教育実践は、ほんとうにおかしかった。問題だった。例えば、この考えに従うと、幼稚園で昼弁当を食べるのに、班競争でやる。早く、早く。一ばんおそい班はビリ班、ボロ班といわれる。心ある学者は、おかしい、と思った。実践家の中にもそういう人は多くいた。しかし、それが言い出せない。この考え、実践は、進歩的であり革新的である、というイデオロギーを着けている。

(この王様は裸ではないか)

なかなか、言えないのですね。しかし、社会学や社会心理学を学んだ者たちからみると、このマカレンコや集団主義教育の考え方はどうしてもフにおちない。

「ほんとうにこれは、人間の自由と平等や個性や意欲を大事にするものか。むしろ、ファシズム的、権威主義的な教育ではないか。」こういう視点で研究を進めました。

資料レジュメにもありますように、その結果を、昭和五〇年、『集団主義教育の批判』として出版し、さらに、その後、実践現場の要請にこたえまして、これに代わる集団指導のノウハウをいろいろ開発いたしました。それらの考え方は今、ほぼ常識になってきたのではないか、と思います。と、こう申しますと、絵にかいたサクセスストーリーみたいですが、実際はそうではない。いろいろつらいことがありました。

中にはもちろん支援者もいましたが、大方からは私たちは保守反動。そういうレッテルをはられました。私自身の心にも迷いがありました。

(間違っているのは、オレタチではないか。)

当時、こんな夢をみました。一部の人に告白したことがある夢なんですがね。

——私は一人、広い広い広場。学校の校庭のような広場に、ポツンと立っている。その広場に向かって、あちらから、こちらから、続々と、長蛇の列をなして、大勢の人たちが入ってくる。先頭の人が大きな旗をもってくる。私の目の前に来ると、ブスッ、と土に突き立てる。来る人も、来る人も。ブスッ、ブスッ、私の周りはまたたくまに、旗、旗、旗。人、人、人……。

その旗は何色かって？　言わぬが花ですね。

この夢。言わずとも分かる。私の方こそ、日本の民主主義に対する反動ではないか。民衆につるしあげをくう方ではないか。心の奥底にあった迷い、恐れのあらわれだったんでしょう。

たしかに、教育学や社会科学は、自然科学のように、仮説のよしあし、白黒ははっきりせず、その上、イ

デオロギー、価値観がくっついている。ですから、

(あの王様は裸ではないか)

童話の世界のこのかんたんな言葉も、なかなか難しい。

今となっては「コロンブスの卵」。あったり前のことが、この時は、悲壮めいたものだった、ということであります。


三番目はこれよりも軽い話であります。

たしか、昭和五十七年でした。当時、放送大学の教授でした深谷昌志さんからの電話。

「ラジオ番組で情操の教育を受け持ってくれないか。」

私、「冗談じゃないよ。」

「いや、あなたは、その方面の業績がある。」

たしかに、その時、三冊ほどのそれらしき著作は出していましたが、とても自信がない。

しかし、押し切られて引き受けましたら、案の定。設置審でひっかかりそうだという内々の話。「社会学ならよいが、情操の教育は一人ではだめ。」心理学の方からのクレームらしい。

恥をかきましてね。言わんこっちゃない、と思いつつ、高萩保治さん。東京学芸大の音楽教育学の大家とペアになり、この先生と二人でやると城下の盟。やっとパスしました。設置審は恐ろしいですね。

しかし、スタートの悩みは資格だけではない。実質、内容の上で弱りました。どういうように、感性や情操を考えてゆくか。どうしたら、少しはオリジナリティを出してゆけるか。心理学や哲学の本を読みまして

も、あまりやられてない。ほとんどやられてない。ところが、芸術教育ではとても難しいことが言われている。私など、音チで、しかも、絵心のない者などには、トテモ、トテモ。高嶺の花のようなことばかり。

（待てよ。そうか。ここ。難しい高嶺の花ということが、落とし穴かも）

と思いました。

早い話。ここにおみえの小笠原学部長は今も、そして当時ももちろんモーツァルト大好き。オレは古今亭志ん生大好き。モーツァルトと志ん生じゃ、土台、相撲にならない。ですから、小笠原さんの方がハイカラでお上品。オレの方は下品である。ふつうは考える。しかし志ん生を下品と考えないとしたら、どうだろう。志ん生好きも、一つの感性、一つの情操と考えたらどうか。別にモーツァルトを目の仇にしたわけではないが、そう考えましてね。

つまり、「感性や情操に上下なし。」しかも、芸術に限ることなし。すべての表現活動――科学、倫理、宗教、政治、経済、みんなにある。個性に応じて、それぞれある。高級、専門を生む感性ではなくて、大衆の日常生活の中に生きて働く感性をどう育てるか。そうすれば、幅広い教育論、個性の教育論まで、この考えは発展できる。

いわば私の好きな落語など大衆娯楽を是認する開き直りをやりまして、たいへん、仕事が楽しくなりました。

初め、資格などでイチャモンもついていましたから、つまり半人前でしたから、よけい張り切ったのかもしれません。あまり、あれこれ制作者に注文するので、ディレクターの一人から不審の電話。この仕事を一緒にやっていました学校教育学部の野村先生に問い合わせがあったそうです。「あの先生は少し偏執狂じゃないか。」

後になって、この放送をベースにして書いたNHKブックスは、わりあい広く今、読者に迎えられていま
す。心理学の方で早くこれを超えてほしいと願っています。

さて、四番目の古典芸能の親子像研究。どうして、このような研究に取りくんだか。去年、『四谷怪談の女たち』を小学館ライブラリーから出しましたら、その広告を新聞でみた卒業生が、片岡さんと同姓同名の人がいる！

無理もない。教室から劇場へ。現代から江戸時代ですものね。

オクソクも生んだようで。「片岡は、どうしたんか。それまでの研究、行きづまったか」なんて。

もちろん、学問的な理由もある。五つほど言っておきましょう。

第一は、自分自身の関心が、人間関係や集団の形式面から、社会の内容、価値、イデオロギー的な側面を考えるようになった。形式から内容への傾斜。

第二は、教育社会学の最近の状況。なんでもかでも数字にする。逆にいうと、数字にならない対象は研究しない。

第三は、アナール派の研究。大衆の、名もない者の心のひだへの社会的関心。しかも横断的な考察ではなくて、縦断的な考察。つまり、社会史的研究が起こってきた。

第四は、私に前々からあった、マスコミ、あるいは、文芸や芸術の中で、教育を考える傾向。

第五は、未来の家族。未来の親子関係は、これからどうなるか。とくに日本の家族は――？

こんなことをいろいろ考えて、「日本の古典大衆芸能に現れた親子像」の変遷をさぐることにした。という話にウソはない。しかし、私の心の奥底に、私的なものが蠢いていた。レジュメ4のところをみていただきたい。

私、教授にしていただいたのは昭和五十六年。ちょうど五十歳。それから三年たつと、新堀教授がご退官になる。この講座は、初代末吉、二代目新堀。さて三代目になったら、どうするか。ドウスル、ドウスル。教授に昇進して心配になった。

だいたい三代目というのは、イメージがよくない。「売家と　唐様で書く　三代目」。さしずめ私などは「先々代の　ままでやってる　三代目」。

たしかに新堀先生の高等教育ではない。しかし、末吉先生の学習指導の社会学。その掌の延長上に自分はただあるだけではないか。

（もっとも、三代目の自覚は、逸脱型に限定されない。堅守深化のタイプもある。上原氏のシュタイン研究）

ここにはじつは、もっと直接的な引き金になったものが二つある。

その一つが、レジュメにあります。五十七年八月。「大衆文化財としてのドラマ考」（ＮＨＫから出ています『放送文化』という雑誌）新堀先生宅にて。どういうことか。

なにか用がありまして、その八月、私、先生のお宅にお邪魔しました。二人、さし向い。先生はご承知のように、寡黙の方ですから、じーっと黙っている。そこへ奥様がお茶をもって来られ、ニコニコしながら、

「片岡さん。新堀が言っていますよ。教養が広いって。」

「エッ、ボ、ボクが？」

すると、先生が黙ってスーッと立って、書斎から雑誌を一つもって来られて、

「コレ。」

唯一言。私の雑文が出ている雑誌なんです。

内容は、「南部坂、雪の別れ」という忠臣蔵外伝の歌舞伎。かつて見た私が、それを材料にしたエッセー。先生にもこの雑誌が何かの理由で送られて来ていて、

「へー、片岡が歌舞伎なんか見ているのか。」

「生意気に」とはおっしゃらずに「教養が広い」。

この先生の言葉。悩んでいる矢先でしたから、大きな力づけになった。

（新堀先生のような大先生が知らないで、オレが少しは慣れ親しんだ世界。そういう世界もあるんだな。そういう所なら、やりがいがあるかもしれない）

そうかといって、ハイそれでは、というわけには参りません。「写真屋のおじさんの注意をとりちがえた」幼児のあやまち。二度と犯しちゃいけない。

いろいろ、文献をみました。そういう研究があるかないか。どうもないらしい。が半年ほど、まだ恐ろしい。で、翌年の春、四月。これが第二の引き金、忘れもしません。

広島文教女子大学の横山邦治さん。今回おみえになっていらっしゃる。広島ソゴーの六階のコーヒー店に

呼び出しました。横山さんは私より二つ下の方で、それまでいろんなことでおつきあいがありましたが、この時はじめて、国文学者、江戸文学者としての先生のご識見を、というわけ。すると先生、即座に、

「やりなさい。国文学の連中の考えたこともないテーマ。面白い。」

「しかし、私に、読めましょうか?」

「いくらでもホンコクしたものがある。それを読めばよい。」

これでカチーン。掛金《かけがね》がかかって、もう後には引けない。

ちなみに、それからちょうど丸二年後。新堀先生の最終講義。先生がたった一語。黒板に書かれた英語。アクセシブル。研究の対象には近づき易いものを選べ。「自分はだから、近づき易いものとして大学を選んだ」。私はほんとうに心の中でニンマリ。既に矢はツルを離れ、この方面の最初の、説経の親子像。これを横山さんの主宰する『文教国文学』にのせていただくようにしていたからであります。

以上、四つほどの私の心性の話。ちょっとまとめると、どういうことになりましょう。

これ要するに、研究を始める前のことですね。何を研究対象に選ぶか。そしてその対象に向かうときの立場はどこか。

ところが、次の「合名会社」と「抱き子」の二つの話は、仕事を進めている途中。研究を進めている途中、途中の体験、心性であります。

まず、五番目の話は、私の院生時代にもう一度、逆戻りいたします。

最初にも申しましたように、二つの巨峰――といってもぶどうではない。二つの大きな山を逃れて、教育社会学の講座に入り、その博士課程二年生の時であります。

研究室の共同研究テーマは、「学級の社会学的実証研究」ということになっておりましたが、さあ、どこから、どのように、手をつけていったらよいか。さっぱり分かりません。

末吉教授からして、ナトルプの社会的教育学がメイン。思弁的・哲学的なんです。新堀助教授も当時はデュルケム理論の研究で、

「ぼくは、アームチェアー・ソシオロジーでね。現場はどうもね」

と書斎におこもり。お二人ともおこもりなんです。

で、私は、とにもかくにも学級の社会学なんだから、教室を見なくちゃならん。教室の子どもの実態に触れなくちゃ、話にならん、と勇み立つやら、いらだつやら。

幸い、末吉教授が附属小学校の校長を兼ねてらしたので、附小の教室はいつでも観てよいということで、どこでもスーッと、私は入って、いろいろな先生方の授業を観ました。

今では、教育方法学の方など、テープレコーダーで授業参観は日常生活なんですが、当時、大学院の授業をサボって小学校の授業に入りびたったのは私が初めて。ですから、大学院の成績は優よりも良が多い。

それはさて置き、その四月のある日。算数教育では有名な磯部先生――もうお亡くなりになりました――その先生の教室に入る。授業は、先生お得意の算数でなく、社会科。おそらく得意でない教科でしょう。教材は「株式会社」。先生は「株式会社は分かったね。それでは次に、合名会社、サッ、分かる人」。サッと上げた先生の手に誘われて、三、四人の子どもの手が上がる。指名された子どもが立って答える。「じゃ、次、

合資会社、分かる人」サッと上げた先生の手……。
（アッ）と思った。
（競争だけあって、協同なし）

挙手したい。指名されたい。発言したい。そういう競争心をあおっているだけ。子どもたちは、教科書の外に、詳しい参考書など持ちこんでいる子と、持っていない子の違い。そういう競争的人間関係のみあって、子どもたちの協同的人間関係のない、いびつな教室社会。

そうか、これを手がかりに、競争と協同の比較実験がやれる。


後はもう、社会心理学などで使われていました比較実験の手法をまねて、実証の突破口を開くことができました。それから五年後に、昭和三七年二月にドクター論文を提出しましたのは、ひとえにこの磯部先生の挙手のおかげであった。そう思います。


同じようなことが、最近、といっても五年前にもありました。レジュメ6番。南北劇の研究のときでありました。

前に、四番でお話ししましたように、この、古典芸能の親子像研究は、スタートから幸せ続きでした。この方面での、とてもよい二人の助手、畠山さん、吉崎さんという助っ人にめぐまれたこともありました。それに、この方面のお師匠さん、国文学の横山先生のアドバイスもよかった。中世から十七世紀まで、ほとんど疾走するように仕事が進みました。レジュメにもある六三年の『日本的親子観をさぐる』は、「忠臣蔵」

まで一気に進んだ。
ところが、です。

十八世紀、鶴屋南北劇。ハタと止まりました。筋は複雑にして怪奇。登場人物は入り乱れ、善人かと思えば悪人、悪人かと思えば善人。死んだと思えば生きかえる。親子像など皆目、見えはしない。ほとんど投げ出したくなりました。その六三年の三月。

前進座が広島市で『解脱衣楓累《げだつのきぬもみじがさね》』を公演するという。南北劇の一つです。何の気なしに観に行きました。そう、キップがなかなかなくて本通り裏の歯医者さんがお世話しているというので、探し尋ねて分けてもらいました。

この芝居も怪奇でしてね。

レジュメの系図にあるように、空月という悪い坊主が、お吉といういい仲の娘を殺します。お吉は空月のタネを身ごもって死にます。その死んだ体から赤子が生まれる。この赤子が、めぐりめぐって、お吉の妹、累夫婦に渡ります。累の夫、与右衛門は空月の家来筋であります。

終幕近く。累と与右衛門は争います。このとき、空月は死んでいますから、サア、残されたこの赤子をどうするか。このとき、累にはお吉の死霊がのり移っていますので、殺す、という。与右衛門は主筋の子だから、育てる、という。二人は激しく争います。抱き子（人形なんですが）その抱き子が累（つまり乗り移ったお吉なんですが）累の手に入ると、累は、その子をポーンと川、絹川に投げ棄てる。

人形にヒモがついているのでしょう。抱き子は、舞台の上手から下手へ、ツーと流れて行く。

観客は笑いました。

私も笑いました。

が、(待てよ?)

(親がわが子を殺す!) ふつうありえないこの行為。(そうか。ここに南北の並々ならぬメッセージがあるのではないか!?)

一条の光に打たれる思いでした。

急いで、南北の脚本を読み直す。(アルワ、アルワ)。残虐限りない、わが子殺し。あるいは、捨子、里子、ゆうかいの数々。イキイキと私の目に飛び込んでくる。今まで見えなかったものが見えてくる。

こうして南北劇の一つの本質、すべてとは言えないにしても、その一つの本質に迫ることができたように思います。


こういう私の南北観。歌舞伎学会でどうみているか。おそらくマイナーと思いますが、去年十一月、東京の国立劇場と大阪の文楽劇場で出してます、観劇用のパンフ・解説書に執筆せよという。少しは公に認められつつあるか、と安んじていますが、これというのも、前進座の人形。川に投げ出された人形様々。あれを見なかったら、という思いであります。

このように、偶然にめぐまれた研究上の幸せを何というか、最近になって知りました。セレンディピティ。セイロン島の二人の王子のもった偶然の幸せ、という昔話から来ているそうですが、これは後で再び触れるつもりです。

さて、この最終講義も、まとめの段階に入りました。自分自身の個別性を離れまして、ゼネラルな私。研究の私的心性とは何か。少なくとも、どんな要素があるか。この問題であります。

四ページ。みて下さい。私の今、念頭にあるのは、皇先生。私の若い時、あえて避けた皇先生。その口癖のお言葉。

Pädagogischer Sinn

「教育学をやるにしても何をやるにしても、ウン、ドン、コン。普通こう言うが、もう一つ。センスがいる。」先生はよく、こういうゼスチャー入りで（手を前でふる）「ペダゴギッシャー・ジン」、その内容はどうもついに分からずじまい。呪文みたいでした。

しかし、恐らく、先生が考えられていたのは、狭いセンス、感覚ではなかろう。最近いろんな学界でいう、心性に近いものではないか。

ここでいう心性とは、レジュメにもメモしておきましたが、「感じ考える、その仕方」。これには、無意識、感覚、感情、欲求、価値観、世界観などが入るそうです。

私もよく分からないが、研究というパブリックなロゴスの営みに、この心性、プライベートな個人的な心性は、無視できない。以下、五つほど、申し上げてみたい。

まず第一は、創造の喜び。これは人格全体の問題であります。

こういう「喜び」ということは、学問研究に限らない。どんな職業にもある。その職業に喜び、楽しさを見つけ出せれなければ、その人はその職業に失格ではないか。

最近の若い研究者に時にみられる。研究が人生のアクセサリー。研究という仕事は苦役で、楽しいことはむしろ研究以外にある。こういうのも一つの生き方かもしれないけれど、せめて、他の趣味も楽しいが、学問研究も楽しい。ぐらいにはなってほしいですね。

さて、それでは、学問研究の喜び、楽しさとは、いったい何か。ここには、厳密には、二つの似て非なる、似ているが本質的には違う、二つの喜びがある。

一つは知る喜び。二つは創る喜び。

まず、知る喜び。これはどんな学問領域をやるにしても、いろんなことを知らねばなりません。入ってゆけばゆくほど、いろいろ知らなかったことに出くわします。「へー、そうか、そうだったか」「なるほど、そうも考えられるか。」驚き、喜びの連続ですね。

しかし、これは、他人の仕事を知る喜び。他人から学んだ喜びであります。それだけでは、学問を知った喜びといえても、自分の研究、つまり「創る喜び」にはならない。自分が新しいものを見つけだした。自分が新しいものを創り出した。自分が新しく意味づけした。そういう創造の喜びがあってはじめて、学問研究の喜びを満喫した、ということになります。

一般に、学問の創造というものは、どこから来るのか。三つある。レジュメにメモしておきました。研究のユニークさとは、第一に、取り上げた対象・領域が新しいか。

第二に、その人の立つ観点、仮説が新しいか。

第三に、その人の使う方法が新しいか。

対象、観点、方法のすべてか、そのどれかが、ユニークであれば、少しでもユニークなものが示される。えぐり出される。その喜びこそ、研究のだいごみであります。遊びのような、あるいは芸術家にも似た、全人的な楽しさであります。


第二は、選択の主体性であります。

選択の主体性というのは、学問研究をやるとき、いろんな選択をするが、結局それは、オレの勝手、オレの主張。つまり主体性だ、という。

私一人が、そんな乱暴なことを言っているのではありません。福井謙一さん。ノーベル化学賞の福井先生。この科学者が言ってらっしゃる。レジュメをみて下さい。


先生によりますと、学問の創造は、二つのことから成り立つ。一つは「学ぶこと」つまり情報を集め、それをよく知ること。二つは、それを土台にして、「思う」「考える」。

ところで、この「思う」はさらに「論理的に考えること」と「直観的に選ぶこと」から成り立つ。前者、論理的思考は機械やコンピューターなどに助けてもらえるが、後者、直観的選択は人間しかできない。

しかも大事なこと。学問の創造にとって一番ひびくのは、このの直観的選択だ。というのは、どんな研究の対象を選ぶか。仮説をどれにするか。方法はどれにするか。すべて、これ、自分の直観による選択で決まる。ご自分の「フロンティア軌道理論」もそうだった。こう言うんですね。

私、化学のことはさっぱり分かりませんが、この「直観的選択」が自然科学研究の決め手、創造の決め手、という。ここが、私のような、社会科学畑の、しかも、たいした創造もしなかった人間にも、いささか分かる点であります。

例えば私――。

集団主義教育というおっかない対象を、よりによって選ぶ。しかもそれを批判する立場を選ぶ。

あるいは、感性教育の研究視点を、あえて大衆の中におく。

あるいは、古典芸能。教育学ではあまり取り上げられなかったこの領域を選んで、その中の親子像というものを選ぶ。

――これら、すべて、直観による選択、いうならば、私の勝手。一つの私的心性の働き、といえなくもない。

しかし第三に。この直観あるいは主体性にもう一つ。セレンディピティ――運――を重ねたい。

レジュメにもありますように、セレンディピティとは「思ってもみなかったことを発見すること」であります。例えば、有名なのは、レントゲンのX線発見。フレミングのペニシリン発見。ところがもう一つ。擬似セレンディピティ。これは「追い求めていた目的への道（方法）をたまたま発見すること」。例えば、アルキメデスの浮力の法則、ニュートンの万有引力など、いろいろ多い。

こういうセレンディピティに出くわすには、何がいるのか。シャロピの訳者、新関氏によりますと（レジュメ註の9）、もちろん、明敏な観察力がいる、という。この観察力はどこから来るか。研究者の心として、邁進型よりも散策型、解放的な柔らかさ、といったものを挙げている。

なるほど、私にも、二つほど、ささやかな擬似的セレンディピティ、「偶然の幸せ」があったが、オレも散策的。キョロキョロわきみのところがあるかなア。

と思っていましたら、ある院生。他講座の院生ですが、演習の途中で、「先生、先生の演習では、ぼくらのような者の考えでもドンドン取り入れてゆく態度がある。自分は今まで、先生はガンコである、という噂を聞いていましたが、デマということが分かりました」。

若い人は、率直で、いいですね。

それはともかく。今まで学問研究のウン、ドン、コン、といっていたウン。ウンを呼び込む心性といったものがあるのではないか。

さて、第四は「疑いとこだわり」であります。これは、ガンコに似て、少し違う心性。　私も、ガンコよりもこだわりの片岡、と言ってくれるなら、デマでも嬉しいですね。

先の新関氏も言っています。セレンディピティに出くわすためにも、研究生活への没頭性がいる。そう、全身全霊ぶちこむことは、たとえ散策型の研究者にもいることです。

これをレジュメでは「系統的こだわり」としておきました。

例えば、註の10番、社会学者、マートンによりますと、科学のエトスには四つのものがある。その初めの三つはパブリックなもの。むしろ私的なものを抹殺するものであります。ところが最後、下段の「系統的懐疑」というのは、むしろ研究者個人の私的なものを強調する方向にある。マートンのいう「系統的懐疑」とは、既存のしきたり、手続き、権威を、体系的に疑い、追求するものであります。これと私のいうのと、少し違うかもしれませんが、学問的な体系、系統とからむ「私的な疑いとこだわり」である。

あるいはまた、日本の芸道でよくいう「型破り」。芸道の伝統の型に入り、充分それを知って、その上、その型から出るとき、初めて、その道での創造。型を破った、という。そういう型とのからみ、型へのこだわりがないのは――「型なし」。問題にならない。

あるいはまた、この講義の最初に申しました。幼児、幼い子がしばしばみせる奇妙な行動。そこには「こだわり」。誤った考えや思いこみに導かれた「こだわり」というもの。そんなものがあるかもしれない。もっとも、まちがって、こだわっちゃ、いけない。「レンズに向かってまばたきするな」ということと、「レンズを見なければ写らない」とは大違いであります。

要するに、キチッと学んだ上で、いろいろと疑う、いろいろとこだわり続ける。

福井謙一さんも、だからこそ、学んだ上で思うこと、といわれる。レジュメの註7に「学ぶ」から「思う」へ矢印がしてあるのは、そのためであります。

なお、若い方にとくに申しておきたい。

ここでいう「系統的な疑い・こだわり」は、横に広がって展開するものではない。むしろ縦に深く突き進んでゆくものだ。戦いの陣型でいうと、鶴翼《かくよく》の陣ではなく、魚鱗《ぎょりん》の陣型。つまり、横に翼を拡げるのではなく、これぞと思う一点を選んで、キリでもみこんでゆくようなやり方。そういう「系統的こだわり」でないといけない。あちこちに気を散らさず、一種のモノ狂い。そうでないと、ドクター論文はいつまでたっても書けない。

若い時、あいつは頭がいいな、と思っていても、なかなかモノにならない方がいる。頭がよすぎて、気が散り、一つのことにバカになって集中できない。魚鱗の陣型でなく、鶴翼の陣なのですね。

（時間あれば、理系若手のD論。ABC三つの領域の三論文、晩年になればABCが統一される予定、という話。引例）

若い方に、とくにご注意申しておきたい。

最後に、五番。パブリッシュ、オア、ペリッシュ。発表、しからずんば死滅、を再考したい。

この言葉、大学人の自己評価がやかましくなったから、引き合いに出したのではない。

私、初め、この言葉。自然科学かなんかで、パテント争い。あるいは、研究を点数で換算する。アーいやらしい。その程度に思っていましたが、最近はそうではない。

とくに、人文科学や社会科学では、この詞《ことば》は、たいへん、内面的な、人格的なもの、と考えるようになった。

つまり、自分の研究をまとめ、発表する。そのことを通して、対話による自己成長がある。このことを、抽象的な話でなく、具体的な五つの場面で申しましょう。

第一に、発表の機会をとらえて、ムリでもやってみる。怠けがちな自分にムチを打つ。よくあることですね。

第二に、原稿を書きながら、自分と自分で対話する。今までおぼろげだったことが明快になる。明快と思っていたことが怪しい、と気づく。書いて初めて分かる。

第三、自分の原稿を自分で推敲——みかえす。最近は、この対話が弱いようであります。きれいにワープロで打てる。できたという。何回、読みかえしたか。「読みかえしすぎて締切に遅れました。」ということはあまりないようで。

ところが、この点、最近すすめられて読みました木村泉さんの『ワープロの作文技術』。いいですね。「原稿は早く書いて、提出まで、なで回せ。なで回すように見返せ。」全く私、同意見でした。

第四に、ワープロで出来上がったものを、他人、親しい人に読んでもらう。助言や指摘を受ける。まさに他人との対話。(私はこれが大好き。私の演習で、私の原稿に院生が意見をいう。なるほどと思う。手直しする。そのプロセスを通して、先の院生の感想があったようでした。)

第五は、学会の口頭発表。学会誌の論文、あるいは単行本。これについての書評をうける。あたりまえのパブリックな対話。討議であります。

私は、自分の学問領域の性格もあって、パブリッシュしやすい所で歩いてきました。しかし、商業雑誌の依頼原稿は危ない。たまにはよいが、やりすぎると、この発表は、ペリッシュになります。

それはともかく、研究の上でのパブリッシュを通して、自分のような浅学非才の者が、内面的成長とは申しません——せめて緊張感をもち続けることができた。とりわけ講座の院生諸君、今日おみえの講座OBか

っての院生の諸君を中心とした方々との共同研究、学問の研究と発表を通しての共同対話のおかげでありま
す。そういう対話への感謝の意をこめまして、私の業績目録の中では、それらの共同研究者の名は取り立て
て、銘記させていただきました。

もっとも、研究のスタイルはこれに限ったことではない。一人でドンドン仕事を進められる方もいるわけ
で。そういう方の自己成長、研究の推進力の秘密というものを、いつかお聞きしたい、いつか教えていただ
きたい。

と思っているうちに、私は、もう、あと二カ月の命であります。

長々と話してきたわりには、ためにもならぬこの講義の「おわり」に当たりまして、一言まとめのことば
であります。レジュメの最後にある「個性的主体の系統的深化」とは何かであります。

今までに述べて来ましたように、学問研究には、私的心性が働く。私が申し立てた以外にもいろいろある
だろう私的心性が、いろいろ働く。言ってみれば、最も公的、パブリックなものとされる学問に、最も私的、
プライベートな地点から、撃って出る。いどみかかってみる。それによって、学問が進展し、共有財産が増
えてゆく。しかし、それだけではない。

そのことを通して同時に、自らが深まる。「個性的主体の系統的深化」という教育作用があるのではないか。
皇先生のペダゴギッシャー・ジンに対する、これが答えになったかどうか。自分自身、充分な深化、深め、
のできなかったことを反省しつつ、その思いだけを述べさせていただきました。

ご静聴ありがとう存じました。

2 学習集団づくりの技術
——理論と実践——

はじめに

技術の枠組・技術の実践

「学習集団」とは

最近、「学習集団」というコトバが盛んに使われている。しかし、はっきりした共通の概念がもりこまれているか。必ずしもそうではない。教育学者や教育の現場の者が、専門用語《テクニカルターム》を、気分的にまた戦術的に使い、科学的なキチッとした検討をなおざりにする。悪い癖である。心理学その他の社会科学の分野からみて、とくに教育の指導技術に関する分野が、意見や評論や社会運動のレベルで低迷しているおくれのひとつは、ここにある。

このレポートでは、学習集団づくりの技術について、私なりの理論と実践への指針を書く。その前提として、まずここでは、いうところの「学習集団」の概念や範囲、そして、その形成にかかわる次元、について、せめて私なりにキチッとおさえておきたい。

まず、ここでいう「学習集団」とはなにか。それは、学習を目的とした集団である。だから、そこには、形式的（制度的）な集団の場合や、非形式的（自然発生的）な仲間集団の場合など、学習を目的としたすべての集団場面が含まれている。具体的に列挙しておこう。

a　学級担任が、学級経営を考えるときのホーム・ルーム。

b　ひとりの教師が、授業を行なっている学級。

c　授業において、もしも組織編成されたグループ（班または小集団）があったら、そのグループ（通常「学習班」と呼ばれていることが多い）。

d　授業以外での学級の生活場面の仕事を分担しているグループ（通常「生活班」とか「係り」と呼ばれていることが多い）。

e　特別教育活動（例えば、学校行事やクラブ活動など）の班や委員会やサークル。

f　子どもの遊び仲間から自然発生した「勉強グループ」や「塾仲間」。

g　地域に育つ「子ども会」や、目的団体としてのボーイ・スカウトなど。

これらはすべて、子どもの学習——人間の態度・行為・思考の変容——ということを、その集団の大事な目的にしている。だから一部で使われているように、学習集団は前記のcやdにだけかかわるものではない。

では次に、こういう学習集団を形成するときの、指導技術の次元を考えてみたい。ある集団が成長したとか、その集団生活の質が高いとか、ずいぶんあいまいに使われている。それは、集団生活のどういう次元をさしているのか。そういう分析的な観点がないと、「集団づくり」の主張は、「法華《ほっけ》の太鼓《たいこ》」か「念仏」でしかない。

学習集団（集団一般でもよいが）が働いているとき、または、それを意図的に形成しようとするとき。次の三つのレベル（次元）を考えてみる必要がある（以下は、青井和夫他著『集団・組織・リーダーシップ』（培風館、昭和三七年）のとくに青井論文から、多くの示唆を得ている）。

第一は、能率の論理、いいかえると、利害によって動かされている集団生活の次元である。これを「しくみ」のレベル、だから、指導技術としては「しくみづくり」のレベル、といっておく。

第二は、情動の論理、いいかえると、心情によって動かされている集団生活の次元である。これを「よりどころ」のレベル、だから、指導技術としては「よりどころづくり」のレベル、といっておく。

第三は、価値の論理、いいかえると、当為によって動かされている集団生活の次元である。これを「ねうち」のレベル、だから、指導技術としては「ねうちづくり」のレベル、といっておく。

さて、以上の私の「学習集団」およびその「指導技術」のデッサンについて、ふたつだけ注釈をつけ加えておきたい。

そのひとつは、以上の三つのレベルは、集団全体の問題であるとともに、個人の集団生活の問題でもある、という点である。例えば――。

第一の「しくみ」は、集団全体の「組織化」でもあり、集団メンバーとしての個人の「役割期待」または「しつけ」（「訓練」）の問題でもある。

第二の「よりどころ」は、集団の「風土」や「雰囲気」でもあり、個人の「準拠集団化」の程度の問題でもある。

第三の「ねうち」は、集団の「規範」でもあり、個人にかかわる「評価」の問題でもある。

ふたつ目の注釈とはなにか。それは、これら三つのレベルがバラバラに画然と分れてあるのではない、という点である。何程かは重なりあっている。だから、指導の順序としては、どこから着手してもよいし、また、同時に着手すべき性質のものでもある。強いていえば、第一と第二のレベルから手をつけ、第三の「ねうちづくり」に配慮を移してゆく、といえるかもしれない。しかしこれはむしろ、図式的でありすぎる。だから、学習集団形成のステップ論を考えられる砂沢理論や吉本理論は、少し観念的ではないか、とさえ思われる。（例えば、吉本均「学習集団の思想と実践」『別冊授業研究　学習集団の思想と実践』明治図書　一九七〇年四月所収や、砂沢研究室・尾去沢小著『教材と学習集団』第Ⅲ章　明治図書　一九六八年）。

＊なお、本書では、三つの局面のうち「1　しくみづくり（「そのねらい」「編成と訓練」「話しあいのしつけ――思考に応じた」）は割愛した。

2　よりどころづくり

所属集団を準拠集団へ

「学級」の自己矛盾

さて、学習集団を形成する第二の次元は、よりどころづくりである。先の、しくみづくりは、学習集団に限らず、すべての集団にかかわるものであった。よりどころづくりは、とりわけ、学習集団の形成にとって大事である。

どうして、そういえるか。

いうまでもないが、学習とは、個人の主体の問題である。ところが、学校という生活場面、とくに学級という集団場面、あるいはその学級内の班（小集団やグループともいっている）ですら、これらは、個人という主体の外から与えられたものである。だから、この、学習の主体性と付与的な集団、とが結合した「学習集団」は、矛盾にみちたものである。

もう少し詳しく、この点を考えてみたい。

そもそも学校とは、児童・生徒にとってなにか。それは、まったく彼ら個々人の選択も希望も許されない、与えられた生活の場である。私立小・中学校や若干の進路指導を経てはいった高校においても、この点は大同小異である。まして、どの学級に所属させられるか。どんな級友がいるか。どんな担任があてがわれるか。これらは、子どもの主体性とはまったく別の世界で決まる。この事情は、先に述べた学級内の班編成でも、少しは子ども各個人の主体性が生かされているかもしれぬが、根本的には変わらない。あるメンバーとは親しくても、他のメンバーとは親しくない。まして、その班と自分とが気持ちの上でひとつになるには、まだ手間ひまがかかるし、そんなものが最後まで生まれない時もある。

問題を、学級集団に限ってみる。学級とはなにか。私はかつて、こう回答を書いてみた。「学級集団とは、教師によって計画された学習を目的とする、教師・児童（生徒）からなる準拠集団である」（＊片岡徳雄『授業の人間関係』黎明書房、昭和三八年）と。ここには、ふたつの矛盾した性格が潜んでいる。すなわち、

第一、教師による計画学習、という制度性

第二、教師・児童（生徒）からなる準拠集団、という心理的主体性

である。第一の点については、本書の最後で詳しく述べる（二三七ページ＊本書未収録）。ここでは、子どもにとって、学級は制度的な所属集団として出発する、という点を注意するに止めておく。

ところで、所属集団（membership group）というのは、その人が集団の一員であるという客観性、いいかえると、外からみた所属、を示すものである。おまけに、学級の場合は、制度的にまたは強制的に、子どもに押しつけられた所属集団でさえある。もしも、学級や班が、このような所属集団としての性格に止まっている限り、どうなるか。前に詳しく述べた「しくみづくり」によって、その集団がどんなに組織化され、さまざまな効果をあげたとしても、そこで行なわれている教育活動は、子どもにとってなんであろうか。

それは、その集団へのお付き合いか請負仕事でしかなく、彼の心の車窓外を走る一点景であるかもしれない。教師や他のメンバーの目をごまかす、欺瞞《ぎまん》でさえあるかもしれない。この点を、パーソンズの用語でいうと、それは、人格の内面的変化を伴わない「遂行過程」ではあっても、人格の内面的変化や変容という意味をもつ「学習過程」ではない、ということになる。

ここに、集団と個人の一体感、いいかえると「われわれ意識」（we-feeling）、がいかに大事か。これなくしては、その集団で行なわれる教育や指導が学習にならず、その集団はそもそも学習集団たりえない。すべての学習集団にとって不可欠のものとして、学級の第二の性格、準拠集団の意味が、ここにクローズ・アップされてくる。

「準拠集団」とは

では、ここにいう準拠集団とはなにか。それは、所属集団とその成員との心理的なズレのよく起こる分裂的な近代社会を背景に、しかも一方では、知覚の社会心理学的研究から、主張されだした用語のようである。が、詳しいことは、省く。この用語の意味を、手短に語ろう。

そもそも準拠集団（reference group）とは、その個人にとって、心から自分自身をその集団の部分として関係させたいと望んでいる集団である（シェリフ）。いいかえると、自分のものの見方や考え方のよりどころとなる枠組を示してくれる集団である（ニューカム）。この準拠集団のもつ働き（機能）を、さらに分析すると、次のふたつがある。第一は、規範的機能である。その集団の基準に個人が同調しようとする、集団への動機づけの側面である。第二は、比較的機能である。その集団の基準にのっとって自分や他人を評価し判断する、知覚的な側面である。

注　「準拠集団と自主性」の関連については、拙論「学習意欲と自主性」（末吉悌次・片岡徳雄編『講座　自主学習』黎明書房、昭和四五年、第一巻所収）にやや詳しい。が、「準拠集団」一般の問題については、邦訳のあるものに限っていうと、シェリフ（重松他訳）『準拠集団』黎明書房、ニューカム（森他訳）『社会心理学』培風館、がよい。

さて、私の先ほどからの文脈からみて、このような準拠集団は、どのような意味をもつことになるか。答えよう。学級や班やその他すべて学習集団といわれるものと、学習者としての成員、との関係をズバリ示すもの。それが、準拠集団である、と。学級や班という集団とその各成員との間に、このような心理的・主体的な一体感がないとき、その集団は学習集団にはならない。集団の準拠集団化つまり「よりどころづくり」は、個々の人間（子どもでもおとなでも）の学習にとって、死活の問題である。

それがほんとかウソか。この本ですでに示しておいたいくつかの事例（＊本書未収録）で、考えてみたい。

まず、「学級担任への手紙」で、くどいほど私がくりかえしてきた注意点。入門期であれ、小学二、三年であれ、ひとりひとりの子どもと担任との心の結びつき。これこそは、彼らひとりひとりが、担任教師に代表される学級を「準拠集団化」する第一歩であった。逆にいえば、教師と彼ら子どもひとりひとりとの「一体感」が、どう、育てられ、固められてゆくか。その技術を述べた「手紙」だった。

「ひとりびとりを育てる」というレポートで示したいくつかの例——。「やってゆかぬと恥かしい」と、家庭学習に励み出した藤田。これは、その規範的機能によって、その学級集団に動機づけられつつあることを、示している。研究授業のあとで「今のぼくらの授業は」と心配した用瀬小の子ども。老教師に励まされて溶接の技術者になった車中の青年。これらは、その比較的機能によって、その学級や教師との関係が、まさに準拠集団だったわけである。

ただ、「悪玉役にしたてられ、それを名演技する」江口の場合。彼にとっては、五年になって配属させられたR学級は、準拠集団になるどころか、心理的にますます自分を疎外している「所属（?!）集団」であった。この限りでは、R学級は、江口にとって「学習集団」ではありえないのである。

以上のような事例からも痛感させられる重要なきめ手——「よりどころづくり」は、では、どう、具体的に進められるか。

そのストラテジ（戦略）

所属集団として出発した学級や班を、準拠集団にする。この方法はさまざまである。しかし、なんといっても、学級の形式的制度性とその心理性の交差点に立つ教師の心がまえが、大事である。

三つばかり、そのストラテジ（戦略）の基本方針をあげておく。

個人の満足感

まずその第一は、子どもたちに、その集団での生活や学習からくる楽しさつまり満足を、与えることである。こういう鉄則がある。「所属集団が同時にどの程度までその人にとって準拠集団となっているか。それは、彼がその集団に所属しているために、どの程度まで満足なり不満足なりを与えられているか、によって決まってくる」（ニューカム著、森東吾他訳『社会心理学』培風館、昭和三一年、二二五ページ）。

授業を中心とした学級生活で、このような満足をそれぞれの子どもに味わってもらうには、次のような、大きくはふたつ、細かくは六つの場合が考えられる。すなわち、一方では、

1　よく分かる（認識）
2　うまくできる（技術と作業）
3　よくなる（道徳や態度）

他方では、

4　楽しい（解放感）

5　役に立つ（奉仕感）

6　認められる（承認）

このうち、1－3は、集団の課題や目的をやりとげた場合に感じる、内容的な満足感である。それは、知的・技術的・道徳的な、自己成長にかかわる満足感である。4－6は、集団の活動に参加したときに感じる、社会情動的な満足感である。ここで「4　楽しい」とは、その集団といっしょに勉強したり作業したりすることが、とにかく楽しい。心が解放される。そういう喜びである。「5　役に立つ」とは、その集団目的の達成や友人の仕事に自分が役立ったという、自分ながらの喜びである。それが、他の集団メンバーから認められる時もある――「6　認められる」――し、認められない場合もある。先の藤田の例は、詳しくは、この5と6の場合にあたる。

教師としては、このふたつの領域、詳しくは1－6の分野、のそれぞれで、どの子にも満足感を与えるよう配慮しなくてはならぬ。念のためにいう。これら六つの分野は、実践の場ではからみあっている。理論的な着眼の枠を示すだけである。

ここで、とくに、実践家に注意したい。いわゆる「よくできる子」は、1－3の満足が大きいので、とうぜん、学級や班を準拠集団としてみる度合は大きい。問題は、「あまりよくできない子」である。その学級や班での「社会的な地位」の低い、脱落しがちな、友だちに嫌われがちな、そういう子どもをどうするか。

こういう子の満足度は、1－3では、人並以下であろう。せめて、4－6で、人並もしくは人並以上の満足感を、なんとかして与えてやりたい。ここに、教師の最も心を砕くポイントがあるだろう。そのためには、a.彼でできる、と見定めた役目を与える。b.できたときは必ず認めてやる。c.彼と気の合った者との助けあいを助長してやる。そうすることで、内容的な第一の領域の満足をも手にしうるモラール(学習意欲)を、ふるいたたせてやらねばならぬ。

支持的風土

第二のストラテジは、学級や班の準拠集団化をうながすような、集団全体の雰囲気または風土を、つくることである。先の第一の方法では、個人が単位であった。これに対し、ここでは集団全体が単位である。先のレポートに示した「合唱の指揮につまずいて泣き出したY」の例を思い出してほしい。Yがつまずいて泣き出したとき、「なぜ勉強して来なかったか」「もっとしっかり練習してほしい」などという、厳しい追求がなされたなら、あるいは、そういう学級の雰囲気だったら、Yはどうなっていたか。先の第一領域つまり課題達成に関する挫折感だけでなく、第二領域つまり社会情動的な不満をも強く感じ、おそらく打ちのめされたことであろう。事実は、幸いそうでなかった。そこに、あのクラスの雰囲気のよさがあり、「よりどころづくり」の一つの成果があった。

結論的にいおう。よりどころづくりとして大事な「よい雰囲気」とは、防衛的風土に対する支持的風土である。まず、防衛的風土というのは、教師や児童・生徒が、お互いの活動を、統制し、説得し、罰や検閲でしめつけようとする。だから、子どもたちは、自分を防ぎ守るために、応酬的にやりあい、他人のいうことを冷静に聞こうとはせず、自ら積極的にやろうとするよりも萎縮してしまう。これに対して、支持的風土というのは、集団が共通にもっている課題にみんなが当たり、どんな発言もけなされず、平等に受けとられ、他人のいうことをよく聞こうとする。こうして、ここでは、積極的な態度や鋭い知覚が生まれ、なによりも、心がなごむ（以上は、ジェンセン「学習集団の社会心理的構造」（全米教育学会編、末吉悌次他訳『学習集団の力学』黎明書房、昭和四二年）所収、の考え方を少しアレンジしておいた）。

こういう支持的風土を学級や班が全体としてもっているとき、それはよりどころづくりが進んでいるといえよう。同じ仲間の多くのメンバーを敵とし、必要以上に対立しているような集団風土のところでは、「われわれ意識」や「集団への一体感」は起こりようもないからである。

許容し支持する

最後になったが一ばん大事なこと。先に述べた「各人に満足感」を与えるにしても「支持的風土」をつくるにしても、かんじんなのは、教師自身のもっている対人的態度である。結論を先にいおう。それは、児童・生徒の態度や発言を「許容し、支持する」心がまえである。このことは、生活指導においてもそうだが、授業においてはとくにそうである。授業は、ついつい課題達成を急ぎ、それにかたよることの多い、場面だからである。

パーソンズに、きわめて抽象的な「社会化の段階説」というのがある。その段階説をそのままの形で、学習集団の形成論に持ちこむことはできない。にしても、彼は、第一に許容、第二に支持、第三に相互性の拒否、第四に報酬の操作、をあげている、ここではとくに、彼のいう第一と第二の社会化段階に注目することが、「よりどころづくり」にとって大事だと思う。

もっと具体的にいおう。とくに授業場面での子どもの発言に対する、教師の許容・支持の態度は、どうあるべきか。三つ挙げておく。

まず第一に、「『なるほど』と受け入れてやる寛容さ」が大事である。たいていの教師は、よく言っている。「なんでもいいなさい」「思ったことはドンドンいうのだよ」「元気よく」と。ところが、授業の先を急ぐあまり、しかも、思うツボにこない答えやトンチンカンな答えが出てくると、いらだって、「だめだめ！」「なにを寝ぼけたこと、いっとるか」と、つい言ってしまう。こう、頭から決めつけられると、いくら子どもでも、次からは、「その手には乗らないぞ」とサザエの口を閉じることになる。とくに地位の低い子の発言に「なるほど」と教師が許容しなかったら、どうなるか。普通でさえカチカチに凍った心を、ときほぐしてやるべき教師が、彼にとって一ばん恐ろしい存在になる。よりどころづくりは、彼において、完全に失敗する。

第二に大事なのは、『なるほど』と応じてやれるようなことを問う配慮」である。つまり、子どもが発言して、頭からダメと言わざるをえないような発問は、とくに地位の低い子に対して、なるべく避けることである。先の「小集団の話しあい」のところで述べた（＊本書未収録）、三つの思考の型を思い出してほしい。「まとめ・たしかめる」ときや「まとめ・たばねる」とき。ここでの回答は、いつもいつも「許容・支持」されるとは限らない。「あつめ・出しあう」とき。このときこそ、すべての発言が、どんなトンチンカンに思われる発言でも、「なるほど」と受け入れられる時である。逆にいえば、「よりどころづくり」をねらわねばならぬ時、または、その子をそのクラスに一体化せしめることに全力を挙げねばならぬ時は、この「あつめ・出しあう」発問の時を利用したいものである。

ここで一本、釘を打っておきたい、許容し支持することをこんなに強調すると、「ああ、要するに、ほめてゆけばよいのだな」と早合点されはしないか。それは困る。

ある三年生の授業をみた。神戸市のある小学校だった。子どもの発言の、ほとんど、いや全部に、「やあ、いいこと言ったね、ソレ」と、先生が、片手を下から上にすくい上げる。と、子どもたちは「パチパチパチ」と拍手、また拍手。授業というよりは拍手会だなと思い、子どもへおもねるような感じさえその先生の手の動きに見て、いやだった。拍手で元気づけて、みんながドンドン発言できる支持的風土を、つくりつつある段階であったかもしれない。しかし、発問と回答の質によっては、いつもいつも「よいこといったね、ソレ」ということは、子どもの人権へのおべんちゃらになることもある。おとなへのおべんちゃらが受け手をいつしか虫ばむように、子どもへのそれもまた子どもの心身を毒する。点検―追求と称して厳しいつるし上げだけに終始することと同じく、個々の回答への即物的でない拍手攻めもまた、誤まった指導である。ベールズの討議集団の研究においても、否定的反応の多すぎるのが、悪口会でよくないのと同じく、肯定的反応の多すぎるのも、内わぼめ会でよくない。つまり内容の質を高める努力を忘れている、とされている。

さて第三。終わりになったが一ばん根本的に大事なこと。それは、教師のとくに「授業中の表情」である。もっといえば、教師が黙っているときの語りかけである。ある社会学者は、家族の間のコミュニケーションとして、文書や口頭やゼスチャー（身振り）の表現手段のほかに、ある意味で最も基本的なものとして、この表情による表現形式を挙げている（ボサード著、末吉他訳『発達社会学』黎明書房）。このことは、学級や授業中の教師にも、その「許容・支持」する伝達形式として、あてはまるだろう。

ある小学校の授業をザッとみせていただいた時のことである。せいぜいひとりの授業を五分もみなかったのであるが、三十人近い先生方の授業の中で、特にふたりの女先生――ひとりは五年生、ひとりは三年生担任――の授業とクラスが印象に残った。このおふたりとも、きわめて口数は少なく、わずかしかしないその板書はもちろん黙ってなさる。しかし、クラスの子どもたちはみな、教師の一挙手一投足にひきつけられ、落ちつきの中に意欲がたぎっている、と感じられた。なぜだろう。

ふたりの女先生とも、くりかえしのない無駄のない発問や説明をなさる。それもある。が、それよりも、このふたりの教師が、沈黙の中に、子どもに常に語りかけている「やさしい」つまり「許容し支持する」表情をもっている。おひとりは、口元千両。いつもはニコニコ、ニンマリ、子どもをみつめているが、子どもの答えを聞くときはサッと口元がひきしまる真剣そのものの表情に変わる。そしてもうおひとりは、目千両。発問して、そして黙って、暖かいまなざしだけがチカッ、チカッ、と教室の左右前後に走る。ともに、中年のベテランの先生であった。

しかし、ベテランと新米、男性と女性、独身と既婚者、多弁と無口、の別なく、この「表情」こそ、自分のクラスや自分の授業を「許容・支持」の態度で進めるか、否か。各人に「満足」を与え、「支持的風土」を創るか、否か。その決定的なストラテジ（戦略）である。これは、教師のお人柄――といって、技術の次元の外にはみ出して考えられがちだし、「演技」といった取ってつけたテクニックとして考えられたりする。ともに誤りである。ペルソナ（「お面」の意からやがて「人格」の意にも使われる）として、教師が心がけるべき人格化された技術なのである。

さて、このような「よりどころづくり」は、結局は「ねうちづくり」がねらいである。実践的には、この三つははっきりとは分かち難いだろうが、「学習集団形成」の最終のねらいとしての「ねうちづくり」がなければ、画竜点睛を欠く。では、どう、それをするか。

3　ねうちづくり

規範と態度形成

溶かし・移り・固める

先のレポートの「3　仲間とともに」で書いておいたこと（＊本書未収録）を、ここで、まとめて思い出していただきたい。とくに、その「個人の向上・集団の向上」で私のいいたかったことは、何か。それは、例えば――。用瀬小の子どもが、自分たちの学級の授業はどうだったか、と心配する。危険な作業現場で安全帽のあご紐を、しめるチームもあり、しめないチームもある。歯みがきやテレビ視聴のよい習慣を約束しながら、実行できる仲間もあり、できない仲間もある。これらは、ひとりひとりの行為主体の問題である。しかし、そのギリギリの主体の問題は、同時に、その個人がよりどころとしている仲間の問題であった。逆にいえば、自分と一心同体の仲間がするから自分がし、自分がするからその分身である仲間がする、といっておいた。

さて、そのような考えを、レヴィン学派の考え方で整理してみよう。集団決定と態度形成に関して、レヴィンたちのやった有名な実験は、三つある。第一は、ぞう物料理を家庭の主婦にすすめるための、集団講義法と講義プラス集団討議＝決定法、第二は、なまミルクなどの家庭常用化のための、集団講義法と集団決定法、第三は、新生児に肝油とジュースをのますために初産婦におこなった、個人教授法と集団決定法、である。これをそれぞれ、比較してみた。どの場合も、そのねらった態度形成について、集団決定法がすぐれていた。

なぜ、そうなるのか。レヴィンは、こう答えている。ある安定している集団の状態というのは、じつは、疑似静態的な平衡状態にあるにすぎない。つまり、動かないバランスのとれた状態にあるようにみえるが、じつはそれは、集団生活のある標準を低めようとする力と、それを高めようとする力とが、同じ強さで対立し、その強さがプラス・マイナス、ゼロになっている、ということである。

このような集団の状態、または、行動のあり方、を変える方法はふたつ。ひとつは、望ましい方向に力を加える。ふたつは、反対する力を弱める。が、第一の圧力をかける方法では、それにみあう抵抗が増え、強い緊張が現われることになる（この点は、次に「説得の限界」としてふれる）。第二の方法は、変化させようとする力に、抵抗を起こさせないよう心を配る方法である。この第二の方法が「集団決定法」だ、というのである。

かんたんにいえば、「集団決定」によって、個人の内部にある反抗力が取り除かれることになる。ここでいう「個人の内部にある反抗力」というのは、彼のよりどころとしている集団つまり準拠集団、と無関係ではない。個人の行動は、彼の準拠集団の規範に停泊点を求めているからである。レヴィンのことばを引いておく。「一見、単独の個人を取り扱うほうが、同じ意見をもった個人の集まりである集団を取り扱うよりたやすい、というように考えられるかもしれない。しかし、今までの実験の多くが示すように、それは逆であった。」集団の規範が変わらない限り、それをよりどころとする個人は、変化させようとする力に強い抵抗を示すことになる。しかし、もし集団の規範が変わったなら、その集団との絆から発していた個人の抵抗の根は、取り除かれたことになる。

こうして、レヴィンは結論として、社会的行動を変化さす三つのステップとして、

1　現在の行動レベル（L1）を溶かし

2　新しいレベル（L2）に移り

3　そのレベル（L3）の上に集団生活を固める

という「溶かし・移り・固める」という定式を示した。

注　このレヴィンの考え方や実験には、その後さまざまな批判がある。ベネットの実験的批判もその一つである。前記の私たちの歯みがきとテレビ視聴の実験も、その修正の一つである。これらについては、片岡徳雄、森しげる『放送学習集団』（黎明書房、昭和四三年）とくに第三章、および拙論「児童生徒の道徳的認識の分析方法」（『授業研究　22』一九六五年九月所収）など参照のこと。

さて、レヴィンを離れて、私の文脈に帰ろう。

よい習慣、よい行動、よい価値（ねうち）、を集団の中につくってゆく。それは、この「溶かし・移り・固める」定式でなされる。今まで私が述べてきたように、ひとりひとりの子どもと学習集団の一体化つまり「よりどころづくり」は、まさに、この定式とともになされねば、ナンセンスでさえある。「よりどころづくり」が別個にまずあって、しかる後に、「ねうちづくり」をやる、のではない。学習集団を形成してゆく現実としては、「古い現在まで」の行動レベルや集団規範を「溶かす」。具体的には、その学級や班そのもののよくない考え方を「溶かす」こともあろう。その子だけがもっている学級外の悪いよりどころ（準拠集団）を「溶かす」こともあろう。そうした後で、「新しい」行動レベルや集団規範に「移り」、それを「固め」なくては

ならぬ。

ここに、学習集団の「よりどころづくり」が「ねうちづくり」とともになされ、態度の形成や道徳教育の方法もまた示される、といえるのである。

説得と道徳教育

以上のことについて、ふたつだけ注釈をつけ加えておきたい。

まず第一。先のレヴィンの考えの中にもあったが、行動の現状を変えるふたつの方法のうちのひとつ。すなわち、望ましい方向に力を加えるやり方。これはふつう「説得」といわれる。社会心理学の方では、ホヴランド一派が研究しているテーマである（詳しくは、ホヴランド著、辻訳『説得の技術』誠信書房）。

この方法を、レヴィン一派はあまり重くみてはいない。それもそのはず。先のレポートの「悪玉役」の項、とくに「江口のスタンプ」の例を思い出してほしい。説得や戒告は、とくに「重症者」を責めたてるとき、効き目はない。だが、この方法を頭から否定するのもよくない。年長者の説教や、友人からの忠告が、よく効くときもある。どんなときか。箇条書きに示しておく。

1　送り手（説教や忠告をする人）に対して、受け手が信服しているときはよい。

2　取り上げられている問題が、受け手にとって、さほど大事でないときはよい。逆に、受け手の存在価値がそこにかかっているような問題は、レヴィンのいうとおり、それを忠告しても手ひどい反抗を受け、説得は失敗する。それを「自我防御」という。

3　送り手の説明のしかたは、相手の知性が低いときには、一面的コミュニケーション（内容を一方の角度からストレートに述べる）でよい。

4　相手の知性が高いときや、反対意見があとで現われると予想されるときには、二面的コミュニケーション（内容をさまざまな角度から論じて、けっきょくこうだという）がよい。

5　説教や忠告をしながらも、なおかつ、送り手と受け手の人間関係《ラポール》を強めてゆくよう努める。そのためには、a.相手をひやかしたり、b.相手をつきはなしたり、c.みんなの前で恥をかかせたり、するような態度はつつしみたい。

第二の注釈。それは、学校における道徳教育に関連して、一言だけ述べておきたい。

「道徳の時間」の授業方法としては、あくまでその主流は話しあい方法にある。詳しくいうと、

1　教師が計画した指導目標に関して、子どもたちの現在の行動が、ナマの形で、ホンネの声で、どれだけ出されるか。

2　新しい行動基準を探るべく、どれだけ、しんけんに検討されたり、情報が提供されるか。

3　それを実行してゆくために、固い約束をどう取り交すか。

こういうプロセスは、まさに、先の「溶かし・移り・固める」にほかならない。

ところで、ここに、柴谷方式といわれる「道徳時間の展開方法」がある。それによると、

1　主題を解決する材料を「あつめる」。

2　集めた材料を具体的にできるだけくわしく「かんがえる」。

3　この中から主題のねらいを解決する、効果的なものは何か「つきとめる」。

4　この共同作業によってえた結論を、個々の子どもが「みつめる」。

5　しかも、この四つの展開の根底に、つねに「ゆさぶる」という内面への働きかけをおく。

というのである（柴谷久雄『道徳の時間を生かすには』教育タイムス社　参照）。

この両者をかんたんに関連さすことはさしひかえるべきかもしれぬが、ここには、同じく、集団規範づくりつまり「ねうちづくり」が、それぞれの用語で語られている、といえはしないか。学級における道徳教育には、集団討議や集団決定を生かさねばならぬ。子どものホンネをさらけ出し、話しあいによって「ゆさぶり」つつ、新しい集団規範に立った決定を「固め」なくてはならぬであろう（例えば、山口大学付属光中学校『研究紀要　一五』一九七〇年に示されている実践例）。

なお、蛇足ながら、誤解のないようつけ加えておく。学校の道徳教育は、このような「話しあいによる実践」のみではやれない。学習集団の生活や授業場面で生かされる道徳、学校生活以外でも子どもの現在の日常生活に生かされる道徳、はまさしく上述の方法でよい。ただ、現在の子どもの日常生活に直接は実行されなくても、せめて道徳的な正義として、認識――実践にすぐ結びつかない――しておかねばならぬ価値は多い。例えば、平和、公益、国民としての権利と義務、など。これらについては、知的認識にかたよらざるをえないだろう。だが、そこに、道徳的実践への感動を伴うべき、独得の教育がなされねばならぬだろう。

話が、本題からだいぶはずれた。元にもどす。

規範と評価

自主的で多角的に

もう一度、先のレポートの最後に書いておいたことを、思い出してほしい。とくに、「起爆者としての教師」の項（＊本書未収録）では、教師と子ども、子どもと子どもたち、の間柄のもつ起爆力の偉大さについて、語っておいた。しかし、問題は残されていた。クラスのどの子にもそれぞれ、そういうすさまじいまでの力を、与えるにはどうするか。これについては、「自主的に、多角的に、学習集団の価値基準を育ててゆこう」というのが、一応の答えであった。

まず、「自主的に育てる」といった。これについては、先の項「規範と態度形成」とくにその「溶かし・移り・固める」で、すでに述べたことになる。子どもたちが、話しあい、反省し、決定する――ということこそ、まさに、学習集団の規範あるいは価値基準を自主的に創ることだからである。

ここではさらに一般的に、「自主的・多角的に規範を育てる評価」のあり方について考えてみたい。というのは、どういう評価をその集団が下しているか。それが、その集団の「ねうちづくり」に直接ひびくからである。

少し話を変えて、現在よくみられるテストのゆがみから、この問題を考えてみたい。そもそも学習評価は、

1　何について（評価の対象範囲）
2　何のために（評価の目的）
3　だれが（評価の主体）

4　どんな角度で（評価の観点）

の四つの要素をふまえて、なされなくてはならぬ。ところが、現在のテストの多くは、この四つの要素のそれぞれにおいて、大きなゆがみをもっている。

その第一は「無道徳的テスト」。つまり、学習の結果だけを評価して、意欲や努力や態度といった側面が、テストされてない。第二は「コンクール的テスト」。つまり、授業者や学習者自身の、自己反省のためにあるテストが、子ども同志をせりあわせるだけに終わっている。第三は「判決的テスト」。つまり、教師が学習者にテストをする、とだけ考え、学習者自身がテストをするなど、考えてもいない。第四は「没個性的テスト」。つまり、それぞれの子どもの個性や能力を無視して、一律に点数化（例えば、百点満点や五段階評価）する。とくに、学力の中でも記憶力を、重んじて評価しがちであった（以上の第一—第四のゆがみは、先の学習評価の四つの要素1―4に、それぞれあたる）。

こうして、私は、現行のテストや通知表を改めてゆく方向として、とくに個々の学習者の評価について、次のような提案を度々してきた。

(1)　評価の対象を、成績だけに限らず、学習意欲や態度形成にも広げる。

(2)　評価の目的は、教師の指導の反省であるとともに、学習者の自己反省にある。

(3)　評価の主体は、教師がやるときもあるが、学習者自身が教師の指導助言のもとに計画・実施することもある。

(4)　評価の観点は、教師による単一で画一的な基準であってはならぬ。子どものそれぞれの可能性を多様にのばすような多角的なものでなくてはならぬ。

これらのことをふまえて、とくに、学習成績に関するテストや通知表を、どう改めるか。これらの問題については、その考え方と改善策の両者について、すでに詳しく述べたことがあるので、ここでは省く（拙論「評価の自主運営」（末吉悌次・片岡徳雄編『講座　自主学習』）第三巻所収　黎明書房）。

さて、話を本論にもどそう。

ここで、私たちが問題にしようというのは、個々の学習者の評価もさることながら、学習集団の「ねうちづくり」に直接かかわる評価の問題である。先に提案した、個人の学習成績に関するテスト改善案の(1)－(4)にみあっていえば、どうなるか。

(1)　学習集団の、学習成績とくに学習意欲の問題については、次に「授業の問題」を述べるときに触れよう。だからここでは、個人としての態度、集団としてはその態度を支える規範（生活や行動や考え方の基準）そのもの、をどう評価するか。これが、学習集団の規範そのものの評価である。

(2)と(3)　集団メンバーである子どもたちが、自分たち自身を自主的に評価することで、学習集団のねうちづくりになる。そのような方法をとらねばならぬ。

(4)　しかも、それらは、おとなからみた、例えば学力一辺倒的でしかも画一的な、価値基準であってはならぬ。多角的な、つまり、さまざまな子どもがもっている個性がそれぞれに評価されるような、集団規範をつくらねばならぬ。

こうして、子ども自身が自己反省しつつ「ねうちづくり」を進めてゆく。教師は、それをどう助言指導するか。次に示そう。

集団規範の評価方法

ここでは、「ねうちづくり」に関する四つの評価方法を、試案として出しておこう。これから、実験的・実践的な検討を加えて、だんだん改めてゆきたい。とくにご批判をいただきたいところである（なお、このような評価方法案を出したのは、讃岐幸治氏との対話に負うところが多い。これに関連するものとして、片岡・讃岐共論「集団思考の評価」砂沢編『講座　授業と集団思考』第四巻所収　明治図書）。

まず、教師自身が、自分で反省するふたつの方法を示す。

A　教師の自己反省（授業その他ホーム・ルームなどの、学級全体の討議や作業の場から）

1　ひとりひとりが十分に、自分のもっている知識や意見を出しきったか。

2　発表は一部の者に独占されなかったか。逆に、脱落（ぼんやりしたり手わるさをしたり）する子はいなかったか。

3　教師の話でも友だちの話でも、よく聞こうとする態度があったか。

4　日頃の成績や行動によって、子どもの出した考えが、重視・軽視・無視される差別はなかったか。

5　主題からはずれた話しあいに、時間がつぶされなかったか。

6　どんな子どもも、思っていることが気楽にいえる雰囲気だったか。

7　みんなの考えをいっそうよくしてゆくために、内容については厳しい批判をしあい、深めあったか。

8　意見が対立したとき、みんなが納得のゆく形で、解決されたか。

9　自分の主張を無理に押し通そうとしたり、いいところをみせようとしたり、バカにされまいと必要以上に自説にこだわったり、する子はいなかったか。

10　ひとつの問題が片付かないうちに、まったく関係のないことを言ったり、真剣な討議に水をさしたりひやかしたり、する子はいなかったか。

B　**教師の自己反省**（担任する学級の日常生活を、全般的にふりかえってみる）

1　自分のいないとき（出張その他で）でも、自主的に子どもたちは学級生活ができているか。
2　学級をよくする建設的な考えが、子どもの方からドンドン出てくるか。
3　学級で決められたことは、よく守られているか。
4　種々の係活動がスムーズになされ、学級生活に支障はないか。
5　どの子も、学級のために何か一役やり、落ちこぼれている子はいないか。
6　先生に告げ口をしたり、先生に頼りたがる子はいないか。
7　いじめられっ子（または悪玉役）はいないか。逆に、少数のスターやボスが生まれてはいないか。
8　クリーク（徒党、または、特別に親しい連中）に分かれていてもよいが、その間に、必要以上の争いや葛藤はないか。
9　男子と女子の間の協力は、うまくいっているか。
10　それぞれの子どもが、さまざまな場面で、リーダー的な働きをなしうるか。せめて、そういうチャンスが与えられているか。逆にいえば、リーダー（核とか小先生とか呼ばれることもある）が、一部の者に固定化していないか。

以上は、教師が、学習集団（主として学級）を、大手から反省する方法である。次には、いわば搦手から反省する方法を述べよう。子ども自身による二つの反省方法である。（いうまでもないが、以下のC・DとくにDは、発達段階やクラスの個性や雰囲気を考えて、アレンジして実施されるべきものである。）

C　子どもの自己反省（授業やその他の場における、班や小集団の話しあいを反省する）

1　自分から、問題をみつけ、それを解こうとしましたか。
2　答えやできばえだけを大事にせず、そこにいたるまでのやり方もよくわかろうとしましたか。
3　どんな考えがでても、仲間の考えとして、同じように重んじ、よく聞こうと努めましたか。
4　考えが出つくした後は、いっそうよいものにしようと、互いに厳しく深め、高めようとしましたか。
5　みんなの話しあいのふんいきが、よくなるように心がけましたか。
6　司会（班長）のせわやとりまとめに、力をあわせましたか。

D　子ども相互の反省（二週間か一ヵ月か、あるいは班変えのときなど、学級の友だちをよくしてゆく、というまじめな目的を理解させた上で、以下のゲス・フウ・テストをやる。決して「告げ口」のようなものにならぬことに注意したい）

あなたの班や学級の生活を反省して、次のようなことをよくする人はだれですか。ひとり（またはふたりか三人）あげてください。思いあたらなければ、ムリに書かなくてよいです。

1　自分からドンドン仕事や問題をみつけようとする人。
2　問題を解決し仕事をやってゆくのに、よい考えをよく発表する人。

3 ほがらかな態度で発表し、すなおに他人の考えをきく人。
4 よい考えはよい、まちがいはまちがい、とキッパリ言える人。
5 必要以上に、人身攻撃《じんしんこうげき》――その人の考えよりもその人を非難――する人。
6 ある人にはなんでも賛成、ある人にはなんでも反対、といったくせのある人。
7 自分の考えがまとまらぬうちに、せきこんで言ったり、ダラダラいう人。
8 しゃべりまくり、いばる人。
9 自分の考えを無理やり押し通し、人に押しつける人。
10 発言もせずに、よく手わるさする人。
11 発言もせずに、よくぼんやりしている人。
12 みんなのためになる発言をしようとはせず、自分だけわかっていればよい、というよそよそしい人。
13 みんながまじめにやっているとき、ひやかしたり、水をさしたりする人。
14 さまざまな考えを、うまくまとめてゆく人。
15 みんなの気持ちをほぐし、なごやかにする人。
16 みんながくじけたり、だらけかけたりしたとき、よくはげます人。
17 わけへだてなく、教えたり注意したりする人。
18 学級や班できめた約束は、キチンと守る人。
19 ふつうでは思いもつかぬおもしろい、アイデア、ヒント、思いつき、を考えつく人。
20 つらい仕事でもがんばり、責任を果たす人。

21　他人の目にはみえないような、陰の仕事を、進んでコツコツやる人。
22　どんなじゃま（たとえば暴力）がはいっても、よいと思ったことはやりぬく勇気のある人。
23　悪いことや弱い者いじめには、黙っておれない、正義感の強い人。
24　自分の与えられた役目や仕事の内容によって、気にいったときはやり、そうでないときはズボラをする、ムラッ気のある人。
25　先生のいる時といない時で、ひどく態度のちがう、陰日向《かげひなた》のある人。
26　学校の成績（点数）で、わけへだてをする人。
27　その子の家や服装や持ち物で、わけへだてする人。
28　だれからでも、よい注意を受けたとき、すなおにきける人。
29　みんなに甘え、頼ってばかりいて、自分の考えのない人。
30　班や学級をよくするために、いつも「これでよいか」と自分で反省し、それを提案する人。

このD案について少し注釈しておく。1から16ぐらいまではほぼ討議場面を頭にえがいている。同じく、15から30までは討議を含めたすべての生活態度を頭にえがいている。なお、この30項目に限ることはない。一応はベールズらの討議集団の分析結果を念頭において作成した（ベールズら「集団問題解決の位相」三隅他訳『グループ・ダイナミックス』所収　誠信書房）。また、ミルズ著、片岡徳雄、森しげる訳『小集団の社会学』（黎明書房、昭和四一年）とくに第二章「観察」の項も参考になる。が、私自身のさまざまな実験や実践をも基にしている。しかしなお、「私好み」になっている面や重複や脱落の項目があろう。検討されたい。もちろん、このD案をC案として、つまり「子どもの自己反省」として、用いてもよい。

いうまでもないが、以上のＡ・Ｂ・Ｃ・Ｄにもられた多角的な価値項目は、民主的な集団生活や集団思考にとって、欠くことのできない観点である。これを、教師がもって自省するだけでなく、それを子ども自身に示し、子ども自身が反省する。あるいは、子どもの中から「こんな項目も入れてほしい。ぼくらの生活にとって大事だと思うから」という声が出れば、まさに、「観点を示し、引き出し、広げる」ことになる。そのとき、自主的な「ねうちづくり」が最高に達した、ともいえるだろう。

そして、こういうＡ・Ｂ・Ｃ・Ｄの四つの評価方法を、さらに洗錬した形で、あるいは、個性的に文章化した形で、「通知表」——一学期ごとにわたす——の中にとりこみたいものである。

（片岡徳雄『学習集団を創る——技術と理論』黎明書房、一九七一年、一三九-一四四頁、一七五-二〇三頁）

3 マスコミと文芸

1　残酷な民話は教育的か

二つの絵本

幼児向けの民話の絵本を、手にしたことがあるだろうか。同じ民話が、たいへん残酷なお話になっている場合と、きれいごとになっている場合に、大きく分かれていることに気づくだろう。

たとえば日本の昔話「さるかに合戦」の場合。ある本では、猿がかにに柿をぶつけて、親がには死んでしまった。ところが別の本では、柿を投げつけられて、かにが大けがをした。そればかりではない。ある本では、子がにが仇討ちするとき、子がには猿の首をチョン切った。他の本では、猿は「もう悪いことはしません」と謝るので、子がには許してやり、仲よしになった。

あるいはイギリスの民話「三びきのこぶた」にも、二つのタイプがある。すなわち、「こぶたが二ひき、狼にくわれるが、三ばん目のこぶたが狼を煮て食べる」絵本（民話の原型）と、「狼にいじめられたこぶたたちが、最後に狼をこらしめて大けがをさせる」絵本である。

どうしてこのような違いがあるのだろうか。この違いは、これを絵本にした人たちの、どんな考えからきているだろうか。そして、幼児たちはこれをどう受けとっているだろうか。

ある幼稚園で、たまたま二つのタイプの「三びきのこぶた」の絵本が置いてあった。幼児たちは残酷型の絵本をよりいっそう好んで見ているようだ、という。たしかに、おとなが読んでも、おもしろいのは残酷型のほうである。しかし、これは幼児にとって「教育的」だろうか。


「幼児向けの民話の絵本に示された残酷さには、どのような問題があるだろうか」。このテーマを明らかにするには、次のような諸領域を研究する必要がある。

(1) 民話にはそもそも、どのような考えが示されているのだろうか。
(2) 幼児に与える民話は、とくにその残酷さに関して、どのようであったらよい、と考えるべきか。そして、その実状（出版状況）はどうか。
(3) 幼児はじっさい、この残酷さをどのように受けとめているか。

民話と出版物

これらの問題の若干について調べたことがある。

第一に、民話の思想は願望充足と因果応報にある、という。人間には善に向かう願望と悪に向かう願望があり、善には幸せや富が来り、悪には不幸が来る、と考える[1]。

しかし、このような民話も、時代によってさまざまに変形される。いろんな話が相互に乗り入れたり、聞き手とくに子どもたちに受けるところが強調されたりする[2]。

第二は、このような民話を子どもたちにどう与えるかをめぐって、二つの対立する考え方がある。一方では、民話をなるべく原型に近い形にして、恐れや願いや行動力を力強く示す方がよい[3]。他方では、現代の道徳律からみて、たとえば原型の復讐を改心や仲直りに変形する方がよい、とする。

実際、このような考え方の違いは、出版物にもあらわれている。たとえば、日本の国定教科書に示された「桃太郎」と「さるかに」についても、第三期（大正七年刊）の小学国語巻一は「民話の原型」に近く、同じく第四期（昭和八年刊）は小市民的「道徳型」になっている。

現時点（一九七一年）における出版物としては、二つのタイプはおよそ等分にみられる。が、多くの子どもたちが接する出版物は、小市民的「道徳型」が多い。しかも、幼稚園や小学校低学年担当の教師たちの考え方も、この種の民話型を推す傾向がある[4]。

反応の比較

第三に、幼児たちの受けとりはどうであろうか。この点についても調べた[5]。対象になった幼児は五歳児（一二保育所と二幼稚園）で、用いられた題材は二つである。表11-1は幼児の反応を示す。表中の「あいまい型」は前記の「小市民的道徳型」に、「殺し型」は「民話の原型」に、それぞれ対応する紙芝居を示している。

これによると、「あいまい型」に接した幼児たちは、「殺し型」に接した幼児たちよりも、①たぬきや狼を「悪い」とみるより「少しかわいそう」とみているし、②殺されたおばあさんやこぶたを「かわいそう」とはみていないし、③たぬきや狼を「もっといじめたい」とさえいう。つまり「道徳的な話」が子どもたちの「道徳的な心情」をかきたてていない、という結果になっている。

表 11-1　幼児の反応テストの結果

テスト（%）		題材	かちかち山		三びきのこぶた	
		話の型	A 型 あいまい型	B 型 殺し型	X 型 あいまい型	Z 型 殺し型
		人数	112	136	137	98
		クラス数	4	6	6	4
人物イメージテスト	狼	悪い	62.5	76.5	74.5	68.4
	たぬき	少しかわいそう	25.9	22.1	24.8 *	12.2
		どちらでもない	19.6	16.1	7.3	15.3
	うさぎ	賢くて正しい	61.6	75.7	73.0	68.4
	レンガの家のこぶた	賢いが少しいじわる	32.1	24.3	15.3	18.4
		どちらでもない	12.5	8.1	17.5	8.2
	おばあさん	すこしまぬけ	11.6	11.8	22.6	9.2
	木とワラの家のこぶた	かわいそう	76.8	85.3	62.8 *	73.5
		どちらでもない	10.7	10.3	16.1	7.1
願望テスト	狼	もっといじめたい	50.9	25.7	31.4	8.2
	たぬき	あんなにいじめない	35.7 *	* 60.3	49.6 *	* 52.0
		わからない	18.8	18.3	17.5	27.6

注）両型の間の＊＊印は 0.01 レベルで、＊印は 0.05 レベルで、有意差のあることを示す。

なお、「三びきのこぶた」については、二クラスの子どもにそれぞれX型（あいまい型）とZ型（殺し型）の両方を与え、どちらが好きかを問うた。Z型とする者六七％（二九人）、X型は三三％（一四人）。Z型のおもしろかったのは「こぶたを食べるところ」「オケがくるくる回るところ」「狼を煮るところ」など。X型では「こぶたが逃げるところ」。幼児たちは、民話の原型、なかんずくその行動的な（スリルのある）ところに、興味をいっそうもつようである。

以上のデータは、なお、先の問題の一部を明らかにしたにすぎない。いろんな方法でいっそうのアプローチが必要とされるだろう。しかし、にもかかわらず、ここには、絵本の与え方、絵本の受けとり、さらには、文芸やマスコミと私たち受け手（audience）との関係にかかわる大きな問題が、潜んでいることが暗示されている。

一般に、この領域での人間形成の社会的な現実と法則は、どのようなものだろうか。

2　マス・コミュニケーションの働き

ところで、先のような問題は、一般にマス・コミュニケーションの人格形成に関する問題として、今までの教育社会学では考えられてきた。なるほど、現代は「マスコミの時代」といわれる。テレビの普及によってとくに、このことがいわれだした。だが、マスコミ的社会はテレビの普及よりも早く到来しているし、文芸の出版による人格形成の事実はさらに昔からあることだし、そもそもコミュニケーションは人間の歴史とともに始まっている。

コミュニケーションと教育

では、人間とともにあるコミュニケーション（communication）とはなにか。それは、送り手が受け手にたいして、「いろいろな記号（code）を用いて、メッセージを構成し、それを一定のチャンネルを通して、伝達あるいは交換する過程[6]」とされている。このようなコミュニケーションには、次の要素が含まれている。

(1)　送り手と受け手の間に人間関係がある。
(2)　用いられる記号は、共通に理解されているものである。
(3)　情報に関する差異が、送り手と受け手の間にある。
(4)　コミュニケーションによって、情報が共有される。
(5)　送り手と受け手の間に、ふつうフィードバックがある。
(6)　その結果、送り手とくに受け手には、なんらかの変容が起こる。

(7) またその結果、送り手と受け手の人間関係が成立または変容する。

以上のようだとすると、コミュニケーションはほとんど、人間の教育そのもの、社会の教育そのもの、というように解されるかもしれない。だが、厳密には、それは、人間や社会への感化（無意図的な影響）であっても、教育とはいえない。教育とは、受け手の意図的な学習（人格の変容）を伴ってはじめて成立する、コミュニケーションの一種と解されるからである。

マス・コミュニケーションと影響

現代の新聞・放送などのマス・コミュニケーションは、このようなコミュニケーションの特殊な状態である、と竹内郁朗はいう[7]。それは次のような特色をもつ。

(1) 送り手は、専門的な職業人からできている組織体である。社会体制によって、国家機関、私企業の違いがある。

(2) メッセージの伝達はふつう、定期的かつ継続的である。

(3) 大量のメッセージのために、高度の機械技術によって伝達される。

(4) 受け手は同質的ではなく、不特定多数である。

(5) 送り手と受け手は固定化していて、メッセージは一方的に流れる。

こうして、マレツケ（Maletzke, G.）は「マス・コミュニケーションとは、メッセージが、公的に技術的伝達手段を通して、間接的に、かつ一方的に、分散している聴衆にあてて、伝達されるコミュニケーション形態である[8]」としている。

このようなマス・コミュニケーションは次のような活動領域をもっている。

(1) 報道活動。社会事象の諸情報を集め、それを伝達する。
(2) 論評活動。社会事象に関する意見や主張を伝え、人々の行動を方向づける。
(3) 教育活動。知識や技術や文化を伝達する。
(4) 娯楽活動。人々に楽しみを提供し、緊張を和らげる。

以上のようなマス・コミュニケーションの特色と活動からも分かるように、それは人間の人格形成にとって、先の領域としての「(三) 教育活動」に限らず、広い範囲にわたって働きかけている。しかし、その「働きかけ」の次元は、およそ次の二つに大別されるであろう。

第一　事実や事件についての情報の理解。
第二　その情報に関する解釈と態度の決定。

この第一の次元は、マス・メディア初期の研究で考えられた「皮下注射針」モデルに少し近い。第二の次元については、「マス・コミュニケーションの二段の流れ」論――マス・コミュニケーションは人々に直接には受けとられず、オピニオン・リーダーによって中継されたり強化されたりする――が相当する。この論は、カッツ (Katz, F.) とラザースフェルド (Lazarsfeld, P.F.) の「人々の日常生活行動に関する研究[9]」から生まれた。しかし、その後の研究によると、重要な事件はオピニオン・リーダー抜きで人々に受けとられ、「一段の流れ」であることが示されている。また、グリーンバーグ (Greenberg, B.S.) らによるケネディ暗殺事件のニュース伝播に関する調査では、ニュースの伝播過程は、a事実伝播、b感情の治療、c解釈と対処、の三段階のあることが明らかになった[10]。ここでいうaは先の第一の次元に、bとcは第二に当たる。

あるいは、イノベーション伝播研究においても、イノベーションの受容過程には、a知識、b説得、c決定、d確認、の四段階がある、とされている。ここでいうaは先の第一の次元、b、cは第二に当たる、と考えてよいだろう。

3　文芸の教育社会学

さて、以上のようなマス・コミュニケーション研究から、人間の人格形成がマス・メディアを通してなされる実態と力学は、たしかに明らかになりつつある。しかし、ここに一つの問題がある。それは「どのように」人格形成がなされているかを明らかにしたかもしれないが、「どのような」人格形成がなされているかを明らかにしたといえるだろうか。マス・メディアによる人間への感化が、人と人との関係・組織体・制度において捉えられているが、内容・価値において考えられているだろうか。この点を補う視点は、文芸社会学と心性史研究にあるかもしれない。

文芸社会学と心性史研究

文芸の社会学（Sociology of Literature and Arts）はじつはまだ、あまりはっきりした方法と体系をもっていない社会学の一分野といってもよい。この分野の研究方法としては、およそ次の三つのものが考えられる[11]。

第一は、文芸についての社会学。これは先に述べたマス・コミュニケーションの研究とほとんど重なる。

たとえば、文学や芸術の生産・分配・消費が、それぞれ社会学的に研究される[12]。文芸のもつ内容や価値よりも、それをめぐる関係や組織が、やはり中心に検討されることになる。

第二は、文芸を通しての社会学。これは文芸のもつ内容に着目しつつ、しかし結局は、既成の社会学の法則や体系を再確認する補助手段として、文芸を研究することになる[13]。

第三は、文芸からの社会学。これは、文芸の内容とりわけ近代小説の内容を出発点として、そこからいくつかの社会学的命題をつくり出そうとする。たとえば、社会生活における情動的側面、とりわけ社会学的な営みにおける人間の苦しみ、といった従来の社会学ではあまり取り上げられなかったテーマが、クローズアップされることになる。

以上のような「文芸の社会学」は、文芸の内容やそこにみられる価値に直接・間接に触れつつも、それが受け手にどのような感化を与えるかの「教育の研究」にはまだいたらない。「内容と価値」を中心にした相互作用については、次の二つのものがいっそう示唆的である。

一つは、最近、注目されている文芸の受容理論である[14]。これは作品研究を、作家のみでなく、読者の作品の受けとりにまで広げて行う。作家は読者を予想し、読者は作家にさまざまな思いをこめる。ヤウス(Jauss, H.R.)やイーザー(Iser, W.)の受容理論は、現象学的社会学を背景にしている。文学からの読者への働きかけは、このような研究から深まるだろう。

その二は、心性史の研究手法である。ここでいう「心性」とは、「思想の一つの形態でもあり、人々が、それを通して感じ、生き、行動する、意識の日常の形態」である。だから、心性史研究は、「人々のこの意識の日常の形態が過去においてどのようにあったかを明らかにし、それがなにゆえに変化してきたか」を、知ろうとするものである[15]。教育の社会学は、いうまでもなく教育の歴史研究ではない。しかし、今ここで考えようとする文芸は、「思想の一つの形態であり」「それを通して感じ、生き、行動する、意識の日常の形態」の一つである。心性（文芸）の過去や変化の跡よりも、その現状に焦点をあわせるなら、この心性史研究の手法は文芸の教育社会学に大きなヒントを与えてくれるだろう。

文芸の教育社会学

さて、「文芸の教育社会学」とはいかなるものか。それは、文学・演劇・映画・テレビ・ラジオ・音楽・美術・彫刻などの文芸諸様式の、人間形成にかかわる教育的・感化的な事象の研究である。

その第一は、文芸の価値内容の分析、とくに文芸にみられる教育関係の価値内容の分析である。文芸におけるそれらは、それに接する人々に対する情報源であるとともに、彼らの日常意識の反映でもある。たとえば、テレビ・ドラマにあらわれた「母と子[16]」、あるいは大衆芸能にあらわれた「親子像[17]」の研究は、親子関係という教育の根源的な価値内容にかかわる「文芸の教育社会学」といってよい。

その第二は、文芸がどのような教育的・感化的な過程をみせているか、に直結する分析である。たとえば、幼児の絵本・児童文学・漫画・劇画の内容の受けとり方――本章の1はその例――、学校の文芸教育（文学・美術・音楽などの教科教育）の実態、読書指導の現実、生涯学習としての文学・音楽・美術の教室やサークル、図書館・美術館・音楽堂（音楽会）の動向と受容、出版状況と読書傾向、テレビ・ラジオ・映画・新聞・週刊誌などの受容状況、文芸の論評・紹介など。この面での研究課題は多く残されている、といってよい。

その他のキイワード

この章でまだ触れられていない、その他の大事な用語や考え方をあげておく。

民族学　民俗学　児童文学　児童文化　「赤い鳥」　「少年倶楽部」　「常民」　内容分析

映像文化と活字文化　大衆文化　大衆社会　文化型　態度変容論　説得　教科書研究

児童（少年）　演劇　文学の授業研究　日本人論　フランスのアナール派

限界芸術論（鶴見俊輔）　「おたまじゃくし無用論」（小泉文夫）　ベストセラー　視聴率

注

1　佐竹昭広『民話の思想』平凡社、一九七三年、五八、二一〇頁。
2　柳田国男『桃太郎の誕生』角川文庫、七五、七七‐七八頁。
3　小松崎進編『幼児と民話』鳩の森書房、一九七三年、六八、七〇頁。
4　末友洋寿「子どもの昔話」片岡徳雄編著『学校子ども文化の創造』金子書房、一九七九年、七八‐八〇頁。
5　同右書、八一‐九二頁。
6　阿久津喜弘「受け手の構造」竹内郁朗編『マス・コミュニケーション』（テキストブック社会学6）有斐閣、一九七七年。
7　吉田民人・加藤秀俊・竹内郁朗『社会的コミュニケーション』（今日の社会心理学4）培風館、一九六七年。
8　マレツケ、NHK放送学研究室訳『マス・コミュニケーション心理学』日本放送出版協会、一九六五年、五八頁。
9　カッツ、ラザースフェルド、竹内郁朗訳『パーソナル・インフルエンス』培風館、一九六五年。
10　阿久津喜弘、前掲論文。
11　作田啓一・富永茂樹編『自尊と懐疑――文芸社会学をめざして』筑摩書房、一九八四年。

12 ロベール・エスカルピ、大塚幸男訳『文学の社会学』（文庫クセジュ）白水社、一九五九年。Albrecht, M. et al., *The Sociology of Art and Literature*, Duckwoeth, 1970.
13 加藤秀俊『文芸の社会学』PHP研究所、一九七九年。
14 ヤウス編、轡田　収訳『挑発としての文学史』岩波書店、一九七六年。イーザー、轡田　収訳『行為としての読書』岩波書店、一九八二年。富原芳彰編『文学の受容――現代批評の戦略』研究社出版、一九八五年。
15 中内敏夫『新しい教育史』新評論、一九八七年、一五九頁。
16 山村賢明『日本人と母』東洋館出版社、一九七一年。
17 片岡徳雄『日本的親子観をさぐる――「さんせう太夫」から「忠臣蔵」まで』（NHKブックス）日本放送出版協会、一九八八年。

参考文献

1 竹内郁朗・児島和人編『現代マスコミュニケーション論』有斐閣、一九八二年。
2 山口昌男『文化の詩学』岩波書店、一九八三年。
3 副田義也『マンガ文化』紀伊國屋書店、一九八三年。
4 河合隼雄『子どもの宇宙』岩波新書、一九八七年。
5 唐沢富太郎『教科書の歴史』創文社、一九五六年。
6 片岡徳雄編『教科書の社会学的研究』福村出版、一九八七年。

（片岡徳雄編「第Ⅱ章　マスコミと文芸」『教育社会学』（教職科学講座第四巻）福村出版、一九八九年、一三七-一四八頁）

4 個性とは——よさに向かうこと

1　個性の真髄は主体性

個性とは「他人との違い」なのか

先に述べた教育界や社会情勢を、受けてというか、先取りしてというか、臨時教育審議会の最終答申（昭和六三年八月）では「個性重視の原則」が訴えられ、引き続いて改訂された『学習指導要領』（平成元年）の一般方針には「個性を生かす教育の充実」が示された。国の教育行政のこの方針はまことに結構であるが、ここに残された問題の一つは、言うところの個性とは何か、十分に解明がない点である。

この点について、私は現場の先生方の研究会に出るたびに聞いてみた。

「一言で言って、個性って何でしょう？」

多くの方がとっさに口にするのは、

「その人らしさ。」

「他の人と違うところ。」

とっさにひらめいたイメージにしては、的を射ている。心理学や社会学などで考えたものでも、これをさほど超えるものではない。すなわち個性（individuality）とは、

「その人らしさ（独自性＝uniqueness）を表わすパーソナリティの性質。」（『発達心理学辞典』ミネルヴァ書房、一九九五年）

「個人を全体的にとらえて他の個人と区別しうるような独自の特質。」（『新教育社会学辞典』東洋館出版、一九八六年）

まさに個性とは「その人らしさ」であり、「他人との違い」である。先の先生方の答えで不都合はないように見える。

しかし、私はさらに続けて問う。

「では、『個性の教育』とか『個性を生かす教育』というのは、一人ひとりの子どものその子らしさとか他人との違いを生かし育てるということですか？」

「はい、そうです。」

「しかし、一人ひとりの子どもの中にある、あまりよくないとか悪いとか、そういうその人らしさや他人との違いも、生かし育てる、ということになりますか？」

「いいえ。」

「だったら、個性を育てるとか生かすとか言うのは、少し言いすぎで、育てずにつぶす個性もあるんです

ね？」

「……」

つまり、個性重視の教育を進める、あるいは個性を生かす教育を進める、そういう教育レベルに至ると、個性の先の定義ではどうも具合が悪くなる。何かが欠けている。

「じゃ、これはどうでしょう。『今度、発表されたファッションはとても個性的だ』とか『君のその考えはなかなか個性的だね』とか言いますね。その時の『個性』は？」

「さあ、目立つよさ。」

「主張です。」

「そうですね。だったら、個性の定義にはそもそもそういう要素を入れてないといけないかもしれません。」

この後、私は金子みすゞの詩「わたしと小鳥とすずと」を引用して直観的に分っていただくようにしている。

わたしが両手をひろげても、
お空はちっともとべないが、
とべる小鳥はわたしのように、
地面《じべた》をはやくは走れない。

わたしがからだをゆすっても、
きれいな音はでないけど、

あの鳴るすずはわたしのように、
たくさんなうたは知らないよ。

すずと、小鳥と、それからわたし、
みんなちがって、みんないい。

「小さいもの、力の弱いもの、無名なもの、無用なものに思いをはせる」[1]この詩人なればこそ、個性の核心を見抜いている。個性とは、どんなものにもあるそれぞれのよさ――小鳥は空を飛び、すずは音を出し、私は走り歌う――つまり他人と違うよさ、であることを。

人とはその人の求めるところにある

話題を変えてみよう。世間によく知られる「三人のほととぎす」の歌がある。
鳴かざれば殺してみしょうほととぎす
鳴かざれば鳴かしてみしょうほととぎす
鳴かざれば鳴くまで待とうほととぎす
織田信長、豊臣秀吉、徳川家康の、それぞれの個性を語るものだという。小学校の歴史学習などにもよく使われると聞く。しかし、これは三人の個性と言ってよいだろうか。

たしかに、これは彼らのある一面を語ってはいるが、よく考えてみると、こういうタイプは私たちの周囲にいくらでも見かけるし、私自身この中のどれかにあてはまるかもしれない。つまり、この歌は三人の政治家の「他との違い」に触れてはいるが、それは彼らの性格の違い――気短な、積極的な、気長な――を言っているにすぎない。だから例えば、信長のほんとうに信長らしいところ、他の政治家や私たちと内面的な点で違うところ、つまり信長の個性は語られてはいない。もしもそれを語ろうとすれば、信長に見る「目立つよさ」や彼の「主張」にも触れねばならぬ。

ここでいう「よさ」や「主張」をもう少し一般的なものにしておこう。精神分析学で人間の理解にかかわってよく言われる格言がある。

「人間とはその人の愛するものである。」

「人間とはその人の求めるところにある。」

つまり、個性とはその人にある「よさ」というよりは、その人の求めるよさ（価値）にかかわっている。

こういう観点から、先の三人の個性をまとめ直すとどうなるか。

信長は、中世以来の封建的伝統を「烈火」（例えば比叡山焼き討ち）の如く打ち破った。

秀吉は、「はげ鼠のように働いて」（信長の評）先君の遺志を受け継いだ。

家康は、「重荷を背負って歩くように」（家康の遺訓）近世封建的秩序を打ち立てた。

もっともこうは言っても、彼ら天才とて、これにはずれ、これにそむく日もないわけではなかったであろうが。

個性は社会の中でつちかわれる

この三人の個性について、さらに一つ注意したいことがある。すなわち、ここには三人のそれぞれの性格の違いとそれぞれ求めたよさ（価値）の違いが示されているが、そのそれぞれの違いに背後からかかわるもう一つのものを見落してはならぬ。

例えば、三人の求めた価値の違い——伝統の打破、先君の継承、秩序の樹立——は、言うまでもなくそれぞれが生きた社会そのものであった。それらはそれぞれの時代と社会の中にあり、彼らによってつかみ出されたものであった。

このことは、三人のそれぞれの性格の違いについても言える。信長の「烈火」の如き「はげしさ」や「気短さ」は、もちろん彼のもって生まれた性格であろう。とともに、彼の育った環境の中でつちかわれたものでもあった。秀吉の「鼠」のような「気配り」や「勤勉」もそうであり、家康の「重荷を背負う」ような「忍耐」と「気長さ」もまたそうである。性格の違いすら、彼の育った環境や社会の中でつちかわれる。

こうして、人それぞれの個性は社会から離れてあるものではない。それは、社会の中で、多くの人とのやりとりや事件や仕事や学習の中で、性格としてつちかわれ、価値として求め示されるものである。すなわち、人間の個性化——いっそう個性的になってゆくことは、人間の社会化——いっそう社会生活になじむこととともにある。

個性とはよさに向かうこと

以上のようなことを考えると、個性とは何かは、今までよく言われてきた定義とは少しく異なるものにならざるをえない。すなわち個性とは、

「その人なりに求める価値が考え方や行動によって社会的な場で明らかに示されたもの。」

よりかんけつには「その人なりのよさに向かうこと」。

念のため、この定義に含まれるいくつかの強調点に注目しておこう[2]。

(1) この定義には、今まで見てきた個性の三つの要素——「他人との違い」「主張」「社会とのかかわり」——が示されている。他人との違いは「その人なりに」に、主張は「求める価値」に、そして社会とのかかわりは「社会的な場」に、それぞれ含まれている。

(2) かんけつに「その人なりのよさに向かう」と言ったのは、個性の真髄が主体性にあるとの考えを示す。だから人間の個性は、主体性を中心に、一方には心理的個別性、他方には社会性、の三要因があると構造化してもよいだろう。

(3) 「明らかに」というのも主体性に関係する。「日本人はあまり個性を示さないが、それも一つの個性」とよく言われる。しかし、厳密にはそれは、個性がないと言うべきで、今最も改造が求められる日本人の問題である。

(4) その人なりに「求める価値」や「よさ」は、けっして一つのものとは限らない。天才と言われる人や歴史的な大仕事をした人ならいざ知らず、私たち平凡な多くの者はあれやこれやの小さな「よさ」を求めて、しかもそれを果たしえない。しかしそれでもそこに、小さくとも私たちの個性はある。まして育ちつつある子どもたちの「よさ」は一つではない。

(5) 先の個性観は、静態的なまとまりというよりは、動態的なまとまりあるいは動きそのものとして、個性をとらえたものである。このような「動き」でとらえた個性こそ、「個性の教育」にふさわしい、形成され変化してゆく個性につながるものと言えるだろう。

2 個性は運命的にもつくられる

子どもの個性を学校や教師がどう開き、育てるか——これが私たちの課題である。しかしその前に、考えておくべき問題がある。それは、個性づくりというものは人智では測りえないほとんど運命的な力でつくられる、ということだ。別の言葉でいえば、それぞれの個性の基盤は幼児期にほとんどできているかもしれない点だ。三つ子の魂百まで、という。だから、学校の手の及びえないこのような個性づくりのあらましを学校や教師がよく頭に入れておいてこそ、児童・生徒一人ひとりの個性教育を進めることができるといえる。

どんなものが子どもたちの個性づくりの運命なのか。およそ五つのものが考えられるだろう。

遺伝される体質・気質

その第一は親からの遺伝。子どもの個性を最も運命的に左右するものだ。「子は親に似るというが、よいところは似ず、悪いところばかり似てね」などと私たちは嘆く。たしかに、遺伝子のくみあわせによって、子どもは両親の、片親の、あるいは祖父母の、体質を受け継ぐ。そしてその体質が気質を左右する。

ここでいう気質（temperament）というのは、人の感情の現われ方を左右する、個人の体質に深くかかわるものだ。そういう体質や気質がさらに一人ひとりの子の感覚(sensation)や感性(sensibility）の違いを生む。幼少時の子どもの個性はまだまだ決定的なものとしては固まらず、ましてやその核心をなす「向かうよさ」などはっきりしない。だから、「その子らしさ」や「他人との違い」はもっぱらこの気質や性格の違いとして浮き立って見えることになるだろう。例えば、あわてんぼう、のんき、明るい、暗いなど。言うまでもないが、これらがその子の個性づくりを後々まで決定するとまでは言わないが、大きな力を及ぼすことはたしかである。

「育ての文化」と接する人たち

第二の運命的な力は、その人が育った様々な文化（culture）である。ここでいう文化とは、その社会や集団がよしとする考え方や行動の型である。子どもがそこに生まれ、その中で育った文化は、いかにも様々な違いを見せ、しかも、いかにも強い力を及ぼす。

例えば、生まれ育った家族。それは、社交的な家風か非社交的な家風か。金銭的につつましいか華美か。転勤族か自営業か。子どもはそのそれぞれの家の文化を呼吸する。

あるいは、育った地域。それは、日本列島の東北地方か西南地方か、大都会か田舎か。例外はもちろんあるが、およその類型が例えば県民性として語られたりする。

あるいは、学んだ学校や選んだ職場。公立学校か私立校か、官界か財界か、勤め人か自営か。それによって、彼の呼吸した文化はいかにも違う。

このように、子どもの生まれ育った家族や地域の文化を知るとよいわけだが、今はいろいろな事情もあって、子どもの生育歴を知ることは、プライバシーの侵害になる場合もある。十分に注意したい。

第三は、「接する人たち」の力である。育ての文化が同じでも、そこでどんな人とどんな風に接したかによって、個性づくりが違ってくる。仮に「哺乳は時間ぎめがよい」という文化があるとしよう。ところが、ある母親は時間ぎめをキッチリやるが、別の母親はおよそでやる。あるいは、哺乳を無表情でやるか表情豊かにやるか。そこに、乳児と母親の関係の差が働く。先の文化的条件づけに対して、これは個別関係的（personal = social）条件づけと呼ばれている[3]。

一つの文化の中で「接する人たち」の働きは、まるで同じ一つの光源から発した光がプリズムによって乱反射するのに似ている。具体的に言えば、

(1) その人の接した人たちがどんな個性や気質をもっているか。
(2) 接する人たちがその人にどんな期待をかけているか。
(3) その人が自分の立場をどんなに自覚させられているか。

によって、一つの文化から発する「光」はいかようにも受けとられるだろう。

出会いと一人歩きする動機

第四は、一生忘れえぬ「出会い」である。それは、日常的になにほどかの影響を受ける「接する人たち」とは異なるものだ。たった一度の接触でも、自分の今までの考え方を一ぺんに変えたり、抜きさしならぬ強いものに固めたりする。それは心の「外傷」(trauma)といってもよく、平凡な私たちの人生にも思い当たることがあるだろう。

しかし、接触が「出会い」や「外傷」になるためには、受けとる側に条件がいる。それは一言で言えば感受性、もっと砕いて言えば緊張感と心の初々しさであろう。

最後に挙げる第五の、一人歩きする動機は、運命的という名に値しない、人間に自然と備わる働きである。ある学生からこんな体験を聞いたことがある――中学生のとき、新聞の第一面のコラムをノートにはり、わからない言葉や漢字を辞書で調べる、という課題が出された。自分はそれに興味をもち、これがコラムだけでなく他の記事にまで及び、その課題が終った後も新聞記事を切り抜くのがくせとなり、今では二紙の切り抜きで忙しい。ちなみに彼は今、社会科学研究科の大学院生である。

課題として強制された「切り抜き」が、そういう強制がなくなった今も、まるで楽しみのように自分をつき動かしている。このように動機が一人歩きすること、詳しくは、ある行動を行う手段であったものが目的になり、最初の動機から離れて自律的に働くことを、人格心理学者G・w・オルポートは「動機の機能的自

は耳よりの話ではないか。

子どもたちになるべくよい癖を多くつけたいと願う教師にとって、「一人歩きする動機」という心の働きは耳よりの話ではないか。

律」といっている[4]。

運命的を意図的に——学校・教師のすべきこと

しかし、教師にとって「耳よりの話」はこれだけではない。先に挙げた五つの働きの中で、最初の「遺伝」だけはどうしようもない「運命」である。しかし、他の四つの個性づくりの働きは学校外の話であるが、学校や教師たちが意図し計画してやれる話でもある。

例えば、第二の「文化」。学校という社会の文化がその学校の児童・生徒に文化的条件づけをし、学級という集団の文化もこの文化的条件づけを行う。だからこそ、私たちはそれぞれの学校や学級を「子どもたちを型にはめる」文化でなく、「一人ひとりの個性を開き、育てる」文化に変えなくてはならぬ。具体的には、学校や学級の教育目標やカリキュラムや学習題材などをそのようにあらためねばならぬ。

第三の「接する人たち」。学校で「接する人」の最たるものは教師である。(1)教師が子ども一人ひとりの個性を育てるような個性をもち、(2)教師が一人ひとりの子どもによい期待をかけ、(3)一人ひとりの子どもがこの期待を自覚する地位につかねばならぬ。

第四の「出会い」。教師はできることなら、子どもにとってたんなる接触でない「出会い」でありたいが、これはどの子どもにとっても、というわけには参らぬものだろう。

第五の「一人歩きする動機」。教師の計画・実践したことがすべて、先のような新聞切り抜き癖のような話を生みはしない。にしても、子どもたちにいろいろなきっかけを与え、そこから一人歩きしだすよい癖の、万が一つの誕生を祈りたいところである。

3 「個別化」と「新学力」

個別化学習論の限界

ところで、個性の教育を学校でどう進めてゆくかについては、加藤幸次を中心とした「個別化・個性化教育論」の考え方とその実践が、すぐれた実績をあげている。そこには、日本の学校に古くからある一斉画一の授業のカラを破り、一人ひとりの学習者を大切にする授業をどう進めるかが、具体的に示されている[5]。

ここでは「個別化学習」と「個性化学習」が区別される。先ず、個別化学習とは個人差（例えば学力差・学習速度差など）に着目した学習で、ここから学習習熟度別や自由ペースの学習が生まれる。また個性化学習とはその子らしさ（例えば、興味・関心・生活経験の差など）を伸ばす学習で、ここから課題発展・課題選択・課題設定・自由研究などの学習が生まれる。しかも、このような学習形態が教科の特色とからんで示される。例えば、個別化学習は主として国・算・英の用具教科で、個性化学習は社・理の内容教科や総合学習で、考えられている。この点がまことに説得的である。

言うまでもないが、このような学習論で強調されているのは、個別化と個性化の区別はあっても、ともに「個性」すなわち私たちが先に考えた「よさに向かうこと」を育てる方法論である。本書の四章や五章（＊本書未収録）で大いに学ぶ点でもある。しかしそうは言っても、この教育論には三つの限界のあることも、率直に言っておかねばならぬ。

第一は、一斉授業の画一性を破ることに集中するあまり、学校の個性教育を授業（または学習）形態に限っている点である。「名は体を表わし」、逆に「体は名を表わす」。どのような形態をとるかは大いに問題である。日本の授業の形は欧米のそれに比べとにもかくにも一斉授業が多すぎる。だから、その画一を破る様々な形態を考える。それは大いに意味のあることだ。

しかし、人の個性は様々な運命や力で形成される。先に見た通りである。だから、学校での個性教育もまた、授業の形態だけに限られはしない。学校ぜんたいの文化や人間関係や教師自身や学習題材そのものまで、すべて「個性尊重の教育」にかかわってくる。授業形態や学習形態だけではすまされぬ広い分野が残っている。

第二は、学級集団や小集団を活動させる教育は「十把ひとからげ」に子どもを見るものであり、それでは個性を大事に育てる教育は成り立たない、とする集団観である[6]。これは少し極論ではないか。

たしかに、全体主義的あるいは権力的な集団主義や日本的集団主義の「集団」は、「個の埋没する」集団であった。今までの日本教育の大勢も「よい集団とはそのメンバーをまとめそろえている集団だ」と考えがちだった。しかし、集団と個人の関係は本来そんな単純なものではない。先にも少し触れたが、相手の個性に気づき大事にしてこそはじめて自分の個性が成り立ち、集団全体と個々のメンバーの間の様々な葛藤と矛盾の中で個人の主体性が問われる。だから、個別化学習論者が言うように、学校教育で子ども一人ひとりを集団から切り離し、文字通り「個別」にすることは、むしろ個性や主体性を育てることにはならない。まさに個性の形成は、個性を大事にする集団の形成と相即不離にあり、集団や他人との交流・葛藤の中に学びもまれて作られてゆくものである。この点を見落とし、集団を忌避する学習論は、個性を育てる学習形態論とすらいえないであろう。

個性を育てる学習形態

個別化学習論者の第三の問題は、そこで考えられている学習形態論そのものにある。というのは、授業の形態について、あるいは学習の形態について、構造的な把え方がないところに、先の第二のような集団や人間関係についての誤りを発する原因があるからだ。

一般に学習形態とはなんだろう。授業の局面にはそもそも学習内容・学習主体・人間関係の三つがある。だから、学習形態とは「授業の一つの局面に着目してとらえた学習過程の特質あるいは特徴である」。こう明確に定義した教育学者・末吉悌次に従うと、例えば、系統学習や各教科別の学習形態は「学習内容」という局面に、問題解決学習やドリル学習などは「学習主体」の局面に、そして一斉学習や小集団学習などは「人間関係」の局面に、それぞれ着目した学習過程の特質・特徴を言ったものである[7]。

この考えによると、個別化学習論者が個性を育てる授業として先に挙げたいくつかの学習形態は、次のように位置づけることができるだろう。

「個別化学習」あるいは「習熟度別学習」や「自由ペース学習」などは、教師と一人ひとりの生徒の契約（関係）はあるものの、直接のまたは他との人間関係を断つ点を強調した形態である（人間関係に着目）。

「コース別学習」や中学に導入された「選択教科」は、学習者が一人か小集団かよりも、学習する内容の違いを強調した形態である（学習内容に着目）。「課題学習」「自由研究」などは、学習者が一人か小集団か、あるいは一教科に限るか総合学習になるかよりも、学習する主体が注入的・受身的でない点を強調した形態である（学習主体の働きに着目）。

このように位置づけると、個別化学習論者の提案している様々な学習形態のすべてにおいて、集団や人間関係の働きが無視され忌避される、いわれのないことがよく分るだろう。これら「個性を育てる学習形態」のうち、「個別化学習」「習熟度別学習」などではたしかに個別に一人で学習が行われるから、人間関係はほとんどそこに働かないだろう。しかし、その他の学習形態では、学習内容の違いや学習主体の能動性が強調されてはいるが、小集団や学級集団で学習が事実なされている。いや、後で（４章（＊本書未収録）で）見るように、人間関係を無視してはこれらの学習形態も十分に作動しない。このような意味では、個別化学習論者の学習形態論そのものに問題があると言わねばならぬ。

新学力づくりは個性づくり

ところで、平成元年に改訂された『学習指導要領』は、「個性の教育」を提唱したところにその特色があったと先に述べたが、同時に「新学力観」の提言でもあったと言われている。

「新学力」とはいったいなにか。それは「人や自然にかかわる力」とか「結果よりもプロセスを大事にすること」とかいろいろ言われ、一まとめの定義は難しい。ただ、新学力の中身にかかわるキー・ワードと言えば、それは次のようなものであろう。

意欲、体験、直観、想像、問題解決力、情報活用力、判断力、創造性、表現力、国際性、自己教育力など

これらは要するに、客観的に測定できない、まして偏差値でかんたんに示しえない諸能力である。私たちが高度経済成長期の学校で大事にしてきた、系統主義的な能力とは異なるものである。言いかえれば、それらはすべて個性の血肉になるものばかりである。

これらの諸能力が個性とどうかかわるか。かんたんに見ておこう。

意欲――。次章で詳しく考えるが（＊本書未収録）、意欲は何かに向かおうとする積極性である。今やる気を失った青少年は多い。それは「よさに向かうこと」を忘れた人たちといってもよい。

体験と直観と想像――。これらの働きについても次章で詳しい（＊本書未収録）。ここで言っておきたいのは、今の青少年たちは、第一次的な体験つまりナマの体験が少ない。何を体験し、学習題材にどんな体験をからますかは、個別学習形態論ではカバーしきれない、個性の教育の分野である。

問題を見つけ、設定し、解決する――。5章のプロジェクト法で詳しく述べる（＊本書未収録）。このような働きは個性の「よさに向かう」傾向をいっそうつちかうものであろう。

情報活用力――。この能力も問題解決力とともにあると言ってよい。情報の洪水の中にいる私たちが溺れないで、主体的に自分で判断でき、情報を自分の問題解決に用いることだ。コンピューターその他の機器に慣れるだけでなく、その主人公になることだ。「よいビジネスマンは、知識をどれだけもっているかではなく、ファイルがどれだけ上手かで決まる」とさえ言われている。

判断力――。十分な社会性をもってなおかつ主体性をもつ。まさに個性の力である。

創造性――。本書の附論にも示すように、創造は最も個性的な働きといってよい。違い、とくに「新しさ」による違いが、そこでは勝負になるからである。創造とは、「よさに向かう」営みが社会の中の数々の「よさ」の中にあってそれらを超える「新しいよさ」、と社会によって認められるとき成立するものだ。

表現力――。表現とは、自分のよさ、自分の向かうよさを、社会の中であるいは相手に対して「明らかに」示すことだ。そこに求められるのは、個別性が社会性とともにあることだ。相手あってはじめて個性の表現が行われる。次章と附論（＊本書未収録）に詳しい。

国際性――。それは国際的な場での表現力といってもよい。国際的な視野をもち、外国語を使いこなすとともに、大事なのは日本人としてのアイデンティティ（自己確認）をもつ。日本人としての主体性をもつ。このことによって、日本人は「意思表示をしない、カラスのような一群」という国際風評を打ち破ることができる。

最後に自己教育力――。私たちの考えている個性の概念にとって、最も大事な能力と言ってよい。ふつう主体性とか強烈な個性とか言うと、「しっかりした考えをもつ個人」「集団や社会に呑みこまれない個人」いや場合によっては「一匹狼」になることも辞さない人、と考えられがちだ。しかし、それだけを強調すると、個性や主体性は「がんこ者」の別称になる。自分の違いやよさの違いを他に向かって主張するとともに、そのよさに向かって自らが成長し努力することを示さなくてはならぬ。そのためには「一貫性」と隣りあわせに、しなやかな「柔軟性」や「可塑性」がなくてはならぬ。

自己教育力の働きは、まさにこのような柔軟性と可塑性によって支えられる。自分の個性が固まった不動のものとは考えないで、自らを反省し、他人から学び、さらに成長しようとする。そのことによって私たちは、一生続く生涯学習を行うことができ、変化する社会に適応することができる。個性とはこのような「しなやかに」よさに向かう主体性である。7章（＊本書未収録）に示す「個性のある子どもの特徴」10項目には、この観点が入っている。

以上、「新学力」のキー・ワードと個性とのかかわりを見てきた。これら様々な能力の育成を視野に入れたとき、学校での個性教育はいっそう幅広いアプローチによって慎重に進むことになるだろう。

さて、これをどう進めるか。本書の課題である。先ず個性の基礎をつちかう問題（3章）、学校のメインをなす授業の問題（4章）、なかんずくプロジェクト学習法の問題（5章）、忘れてはならぬ学級集団の問題（6章）、そして最後に教師と子どもの人間像の問題（7章）、といった順序で考えてみようと思う（＊3章から7章までの各章いづれも本書未収録）。

細かく見てゆく前に、あらかじめ「子どもの個性を学校や教師が開き、育ててゆく」大綱を示そう。「三つの前提、十の実践、二つのまとめ」ということになろう。

4 「三つの前提、十の実践、二つのまとめ」

先ず、「三つの前提」とはなにか。それは、子どもたちにどんな個性を開き、育ててゆくにしても、またどんな指導実践をするにしても、その基盤になるものをつちかおうとするものだ。（以下の括弧は、そのテーマに直接該当する章節を示す（＊本書未収録）。
1　子どもたちの意欲を高める。（三章一）
2　子どもたちの体験を豊かにする。（三章二）
3　子どもたちに表現力をつける。（三章四）
次に、「十の実践」とはなにか。それは、子どもたちのそれぞれの個性を育てるために、学校や教師が直接チャレンジしなくてはならぬ実践項目である。
1　授業を、子どもの疑問と関心を中心にして進める。（四章一）
2　授業で子どもの感性を生かし育てる。（四章二）
3　個性を生かす小集団学習（あるいは話しあい学習）を行う。（四章三）
4　基礎・基本のドリル学習は個別学習の形態で。（四章四）
5　コース別学習も全体学習の場をもつ。（四章四）
6　プロジェクト法的学習として課題学習・選択教科を考える。（五章二）
7　プロジェクト法そのものとしての自由研究・卒業論文を盛んにする。（五章三）
8　プロジェクト法として学級文化活動やクラブ活動を位置づける。（五章四）
9　全員参加・一人一役の学級組織をつくる。（六章二）
10　支持的風土の学級雰囲気をめざす。（六章三）
そして、「二つのまとめ」とは、以上の「前提」と「実践」のすべてを総括する、教師と子どものあり方である。

すなわち、

1　子どもの個性を開き、育てるにふさわしい、教師の心と態度をめざす。（七章一）

2　個性のある子どもの特徴をおさえる。（七章二）

念のために言っておこう。ここに示された大綱は言うまでもなく、「他人との違い」だけを意味する個性論に立つものではないし、学習形態に主眼を置く「個別化学習論」でもない。「よさに向かう」個性、言いかえれば、「体質・気質」「育ての文化」「接する人たち」「出会い」「一人歩きする動機」によって形成・変化する、個別的・社会的・主体的な個性、という広い考えに立っている。学校や学級の文化・人間関係・人格のすべてに及ぶ指導大綱によってのみ、現代の日本に求められている「個性重視の教育」は可能になると言えるだろう。

さて、個性の基盤をどうつちかうか。

注

1　『金子みすゞ童謡集わたしと小鳥とすずと』ＪＵＬＡ出版局、一九八四年、一六七ページ。矢崎節夫の解説。

2　詳しくは拙著『個性と教育』小学館、一九九四年、とくに、一・二・三章。

3　K.Young, Personality and Problems of Adjustment, 1940, pp.132-134.

4　G・w・オルポート（詫摩・青木・近藤・堀訳）『パーソナリティ――心理学的解釈』新曜社、一九八二年、五八ページ。

5　以下は主として、加藤幸次・安藤慧『個別化・個性化教育の理論』黎明書房、一九八五年。

6　前掲書、二、一二ページ。

7　末吉悌次『現代の学習形態』明治図書、一九六三年、二、七〇‐七一ページ。

（片岡徳雄『個性を開く教育』黎明書房、一九九六年）

III 片岡徳雄先生の思い出

●広島大学大学院教え子等

1　片岡徳雄先生と私

原田　彰

片岡徳雄先生とのかかわりは、鳴門教育大学に在職していたころ、当時の全国集団学習研究協議会の大会に参加し、徳島大会を開催させていただいたことにより深まった。広島大学赴任後は、研究室での文芸の教育社会学の共同研究に参加することにより一層かかわりが深まった。先生のご編著『文芸の教育社会学』（平成六年）では、先生の最終章「わが子殺し劇の分析――近松・南北・黙阿弥」の一つ前の十一章に「『やさしさ』の分析――一九七〇年代の日本文学」を書かせていただいた。

私は現在、人間の権利と「やさしさ」の問題に関心を持っている。やさしさについては一九六〇年代後半から論じられ、一九九〇年代以降さまざまな研究が現れている。この問題を考えるうえで、片岡先生が古典大衆芸能の中に現れた日本人の親子関係を分析されたご研究は、今日に通じるものがあると思っている。過去の多くの文芸作品、例えば様々な子殺しを取り扱った作品の中で、親のやさしさや人権意識がどのように取り上げられているか注目して再読し、徳川時代の人権について考えてゆきたいと思っている。

最後に、集団学習の実証研究を最後まで続けていただければありがたかったという思いが私にあることを述べさせていただくとともに、先生の文芸作品やマンガや音楽など文芸の教育社会学のご研究が私の研究の幅を広げてくださったことに感謝のことばを申し上げる次第である。

（広島大学名誉教授）

2　片岡徳雄先生の思い出——学位論文をめぐって

髙旗正人

岡山大学教育学部の四年生であったかもっと後であったか、末吉悌次編『集団学習の研究』（明治図書出版）を入手した。教育実習で体験した小中学校の授業とは異質の授業過程についての研究書であった。本書は広島大学教育学部教育社会学研究室の先生方と大学院学生による理論研究や実証研究を編集した内容であった。院生が執筆を分担する何章かをまとめ上げているのが片岡徳雄という最高学年の方であった。難解な内容で、私も大学院に進学すればこのような研究が出来るようになるのだろうかと衝撃を受けた。本書で初めて片岡徳雄という研究者を、私は知ることとなった。先生に初めてお目にかかったのは、広島大学に転勤してこられた昭和四一年であった。私は末吉教授の主催される集団学習研究会のお世話を助手の立場からお手伝いさせていただいていた。片岡先生は福山から遠路この研究会に毎回参加していただいた。以来、今日まで私は片岡先生から学び続け一九九四年に博士（教育学）の学位を授与された。

私のような者が博士の学位など取得できるわけがないと、先輩や後輩の方々が学位論文に積極的であっても、私は消極的であった。ところが片岡先生が退官を迎えられる年度もかなり進んだ十月はじめであった。先生から直接電話をいただいて、学位論文を用意するようにと、半ば命令調で言われた。退官された講座の恩師からも言われるし、先生の奥様からも助言があったとのこと。それを聞いて私は学位論文の提出を止めますとは言えなくなってしまった。そんなにいろいろな方からのお声があって先生は私に命令されているのならば、書くしかない、と思うようになった。

論文作成の過程では、章、節、注、論文タイトルに至るまで細かく見ていただいた。先生のご指導は温かく親身であった。

いまだにわからないのは、本当にいろいろな人からの私に学位を取らせよという声があったのか、日頃から消極的な私の退路を断つための片岡先生の創作であったのか。いずれにせよ先生への感謝の気持ちは変わらない。

（岡山大学名誉教授）

3　片岡徳雄先生と集団学習研究会

倉田侃司

集団学習研究協議会（以下、全集研）の研究・実践を終始リードした人は、片岡徳雄先生である。

昭和五〇年ごろから、私は全集研事務局長の仕事をさせてもらった。そんなわけで、先生のお仕事を手伝わせていただける機会に恵まれた。いや、言葉を正確に使うならば、「手伝い」などではなく、ずいぶんとお仕事の邪魔をしたというべきであろう。

そのような立場ではあるが、全集研の活動を通してみた先生の素顔には、研究者片岡徳雄とはちがう一面があった。ここでは、その素顔に迫ってみたい。

片岡先生を二つの言葉で表現するならば、「大胆さ」と「緻密さ」になるだろう。

まず、前者についてである。全集研発足は、昭和四八年である。当時は、集団主義教育の全盛期で、「班・

核・討議づくり」や「点検・追及・リコール」の実践が教育界を支配していた。集団優先の教育に疑問をもつことさえ容易ではない状態であった。

そういう中にあって、集団主義教育に反対の立場を鮮明にするということは、自己の教師生命を賭ける覚悟がなければできない。先生は、『集団主義教育の批判』（黎明書房）によってご自身の立場を学問的に明らかにされ、続いて実践のレベルでは、「個を生かす集団づくり」を提唱された。具体的には、双書『個を生かす集団づくり』全八巻を黎明書房から出版され、理論と実践のレベルで集団主義教育に対峙されたのである。当時の状態を考えると、全集研の会員は、荒れ狂う海に船をこぎ出す漁夫の心理にも似ていた。片岡先生は、船の方向を定める指針であった。

その結果はどうであったか。ソビエトの崩壊をみるまでもなく、事態は一変した。今や、「個を生かす」「個性尊重」の時代を迎えている。

後者、つまり「緻密さ」はどうか。

「事務局の仕事は、ほうれんそうだ」とは片岡先生の言葉である。いうまでもなく、ほうは報告、れんは連絡、そうは相談を意味する。本部事務局と各地の支部は、電話や手紙のやりとりをする。黎明書房の電話番号は今でも覚えているし、かかってくる電話の声で相手が分かるようになった。「ほうれんそう」のお陰である。

実は、何をかくそう、「ほうれんそう」では先生にご迷惑をかけた。内容をとり違えて報告したり、連絡の順序を逆にしたりして、先生の血圧を高くしたものである。

そのピークは、高知市立旭小学校で開かれた第一一回大会のころであったろうか。そのころ、私は「ほうれんそう、ほうれんそう」とつぶやくようにして、大会の準備に没頭していた。

ところが、高知の人は無類の酒好き。「ほうれんそう」より先に、酒を飲もうという。酒が入ると、あとは大騒ぎ。

それが、とんだ形になってあらわれた。高知大会の講演は片岡先生がなさった。大会を締めくくる講演であるので、先生はじっくりと構想をねり、入念に準備して臨まれた。

ところが、講演で使用されたテープの音が出ない。会場を埋めた参加者から、どよめきが生まれた。失敗である。実際に音が出るかどうかを直前に確認しておくべきであったのに。

それでも、講演が終わると、嵐のような拍手がおこった。それは先生が着席なさるまで、ずっと続いたのである。ほっとすると同時に、「ほうれんそう」のこわさを知った。

ここまで一気に書いて、ふと考える。何かが足りない。それは、大胆さと緻密さの間の問いを埋める「集団学習の方法原理」のような気がする。たとえば、「柔軟な集団構造」「一人一役」がそれである。

片岡先生は、求めて来る者に対しては、これを拒まない。出身大学や研究室を問われることもない。そして、本人のよさを見つけるだけでなく、それを伸ばす場を与えてくださる。その点で、私は最も恩恵を受けた一人である。小・中学校の実践家に先生のファンが多いのも、こうした理由によるものであろう。

改めて、お礼を申し上げる次第である。

(本原稿は一九九四年一月に執筆された全集研出版物の原稿を再録したものである)

(元広島経済大学・広島文教女子大学教授)

4　片岡徳雄先生の教え

相原次男

片岡先生の病気療養は長期にわたり、ある程度の覚悟はできていた。しかし、実際に訃報に接したときは、ショックを隠すことができなかった。先生ご自身、教え子を含め人と会うことを控えておられていたこともあり、結果的にほぼ一〇年近く、恩師の病気お見舞いに伺うこともなく、今生のお別れとなってしまった。不義理であったことが悔やまれてならない。

片岡先生は「思想と技と心」が一致した、ブレのない先生であった。この意味で近寄りがたい、ある意味で怖い先生でもあったが、院生の能力の高低や、出身大学、学部がどこであれ、誠実に努力を重ねる者に対しては厳しくも優しく対応してくださる先生であった。私はこのような先生の下で、大学院の学生時代はもとより、就職後もご迷惑を顧みず、長きにわたりご指導をいただいた。

片岡先生への感謝の気持ちを限られた紙面で語るのは容易ではないが、特に、研究者として自立できるか否かの段階でいただいたご配慮、ご指導は、忘れることのできない私の宝物となっている。

私は大学院に入る少し前からロシア語を勉強していた。これを武器に、博士課程、就職後もソビエト社会における青年問題や自由時間（レジャー）問題などに関心を示し、論文を書いていた。とはいえ、ロシア語の能力は今一つ、収集できる資料にも限界がある。何よりも研究の方向性に行き詰まりを感じていた。

ちょうどそのような時、三〇代の半ばごろだったと思う。片岡先生から「相原君、ロシア語の論文が読めるのならば、教育社会学会に貢献できるような課題に挑戦してみてはどうか。今のままではもったいない」、こういう助言をいただいた。私はそれを先生の私への期待だと理解し、心が奮い立ったのを覚えている。先生の助言は、その後の私自身の研究分野、対象を焦点化していくうえで重要な転機となった。

それから数年後、海外研修（ロンドン大学）の幸運もあり、欧米のロシア教育に関する社会学研究の論文・著書及びロシア語の文献を大量に収集することができた。帰国後、資料等を整理し、分析を進めながら、ソビエトにおける教育社会学研究の紹介を兼ねた著書の出版をめざし、原稿の準備を重ねてきた。問題はそれが出版に耐えうるか否かであった。

私は片岡先生に恐る恐る原稿のチェックをお願いした。意外にも先生はとても喜ばれ、願いに応じてくださった。ほぼ二週間後、加筆、訂正、疑問、質問などで真っ赤になった原稿が戻ってきた。先生の私宛の便りには、「朱書きはあくまで参考に。文脈を考え最後は自分の言葉で書き換えること」、と添え書きがあった。数度にわたるこのような先生との原稿のやり取りを経て、出版が現実のもの（『ソビエト教育社会学序説』東洋館出版、一九八六年）となった。

片岡先生のメインの研究分野からすると、私のソビエト研究は異質そのものである。異質は多くの場合、排除されがちであるが、片岡先生はそれを私の個性として尊重し続けてくださった。しかも、単なる言葉だけの励ましや尊重ではない。先生ご自身の貴重な時間を何日も削り、私の個性をなんとか開花させようとご尽力してくださった。決して私だけではなく、多くの弟子たちも同じような恩恵に与かっている。その人らしい「個性（よさ）を見つけ、育てる」。片岡先生の指導者、教育者としての真骨頂は、この言葉に集約されている。

出版から二年後、私は学位請求論文の執筆に着手していた。論文の内容は、一九二〇年代からゴルバチョフ時代までのソビエト高等教育政策の矛盾に焦点を当てた研究である。もちろん、ソビエト体制の崩壊を視野に収めたものではない。

しかし、ペレストロイカ、グラスノスチ政策の進展の中で東欧諸国は崩壊し、ソビエト連邦も大揺れの状態にあり、不安と焦燥の中での執筆となった。結果的に、ソビエト社会は一九九一年十二月に崩壊するが、論文はその半年前にはほぼ書き終え、学位審査に向け、片岡先生に原稿の点検をお願いしていた。

先生から厳しい反応が返ってきた。「相原君、急げ。ソ連はなくなるぞ」。「ソ連の将来を書いた終章は全文カット。全体を一九八七までの歴史研究に切りかえること」。大幅な修正要求である。私は戸惑い、ただ先生を信じ、指示に従ったのを記憶している。

片岡先生の判断に間違いはなかった。先生の繊細さに裏打ちされた現実感覚と大胆な判断力、天性ともいえる先生の感性によって、私は救われた。学位請求論文（『ソビエト高等教育の社会政策的研究』）は一九九二年二月、最終審査をパスした。

片岡先生が多くの著作や講演の中で語られた数々の教えは、院生時代から後期高齢者となった今日まで、私にとっての生き方の指針であり、羅針盤そのものであった。ただ先生の学恩にどれだけお返しができたかと問われると、返す言葉はない。ただ、感謝あるのみ。

片岡先生、どうか安らかにお眠りください。

（山口県立大学名誉教授・元宇部フロンティア大学理事長）

5　凛とした心持の学びのＤＮＡに感謝

田中亨胤

新堀先生と同様に片岡先生とお会いするときは、この上ない緊張感を覚えました。一言一言は語気強く、衝撃的な指導の数々をいただいたと受け止めています。今もって印象深く社会人として研究者としての私の道標になっています。その言説を紹介します。

○　原稿提出に関して：「約束は守ろう！」「締め切りは守ろう！」「締め切り一か月前には整えておこう！」「原稿は、ねかせておくと気づきが見つかる！」「遅れては修復のしようがない！」「遅れた原稿や課題処理には利子はつかない！」

○　論文執筆のノウハウについて：「短文で書き表そう！」「不用意なつなぎの言葉を避けること！」（そして／……が／しかし／さらに／しかるに／それはさておき／つまり等々を多用しての論理を展開させないこと！）「小見出しは要点！」「根拠のある文末表現を心掛けること！」（……と思う／思われる／……が大切である／……が必要である／……と考えられるのではないか等々の玉虫色の表現・表記を用いない！）

○　学会発表について：「レジュメは活字にして！」（当時の状況では、活字は珍しい）「発表内容に関する質問を想定し、回答内容をまとめておくこと！」「発表に関する質問を研究のフレームワークで位置付けて回答すること！」「質問に対する逆質問も想定して謙虚に回答を！」「質問者には、先ずは、有難うございます、と」

○　大学院生としての品格に関して：「学会には服装をきちんと整えて」「目的地には早めに到着しておくこと」「挨拶を怠らずに」

この他にも、片岡先生の立ち振る舞いから、多くの学びがあります。学会からの帰路のことです。駅構内の喫茶に入り、「とりあえずこれで皆の喉を……」と、助手の住岡先生に「一万円札」を渡されました。大学院生の緊張感が解れたことは言うまでもありません。教育社会学講座での会合を計画するときには、「新堀先生に了解をとっているのか！」と確認を求められました。私にとっては、「社会人基礎力」を間違いなく身に付ける教育社会学講座であり、今も感謝感謝の一言に尽きます。片岡先生からの学びをゼミ生には今も語っています。

（岐阜聖徳学園大学短期大学部教授・兵庫教育大学名誉教授）

6　「いごっそう」の研究魂

新富康央

片岡徳雄先生は、新富と南本長穂氏が教育社会学研究室に大学院生として入学した年に、助教授として就任された。したがって、私はある意味、片岡先生の指導第一期生ということになる。当時の研究室ゼミは、我が国のこの分野の四人の大先生の前で実施されるという贅沢さであった。新堀通也先生、片岡先生という教育社会学の両巨頭の他に、社会教育学の池田秀男先生、幼児教育学の森しげる先生という組み合わせであった。後にも先にも、このような恵まれた教育・研究環境で育ててもらった研究者は、稀有であろう。とりわけ恵まれていたのは、個性も研究スタイルも異にする、新堀・片岡両先生の指導を受けたことであった。

両先生は、個性や研究スタイルを異にするだけに、良くも悪くも比較の対象になり得た。例えば、焼き物でも、新堀先生は、有田焼の清楚でクールな青磁器を、他方、片岡先生は、唐津焼の素朴な風合いで温もりのある陶器を、それぞれ自己の好みとして推奨された。そして、研究スタイルは、新堀先生が新しい未知の研究分野の開拓を目指すスタイルに対して、片岡先生は、既存の理論に「待った」をかけ、当時の定説化した有力な理論も覆すという研究スタイルである。

この片岡先生の研究スタイルを説明する言葉として、「いごっそう」を挙げることができる。片岡先生は、郷土の高知を愛しておられ、学生時代には「思えば遠くに来たもんだ」と郷愁の念に駆られた時は、ペギー葉山の「南国土佐を後にして」をこよなく愛し、口ずさんだという。「いごっそう」とは、土佐地方の方言で、「気骨があること」、「信念を曲げない、頑固者」という意味であり、高知県民の気性を表す言葉とされている。

私自身の専門分野は、「科学の社会学」であり、その指導教官は、新堀通也先生であった。これは、まさに教育社会学の分野において、今後の発展が期待される、まさに当時未開拓の研究領域であった。また、研究室の共同研究は、新堀先生指導の「日本の教育地図」であり、私自身「社会教育ミニマム」や「教育的葛藤モデル」などの概念を提示させてもらった。しかし、常に正副の二つの研究分野を持ち、複眼で研究対象を見るように、という片岡先生の指導方針で、片岡先生の二つの共同研究にも携わった。その研究スタイルが、まさに「いごっそう」であった。

私の場合、一つは、「マカレンコ教育批判」であり、もう一つは、「子ども文化の研究」であった。では何故、それらが「いごっそう」なのか。

前者は、当時教育現場において革新的教育論として「全生研（全国生活指導研究協議会）」なる教育団体などで推奨されたマカレンコ教育理論の批判であった（「マカレンコ集団主義の分析」（片岡徳雄編著『集団主義教育の批判』黎明書房、昭和五〇年）。一部の教員集団にとって、神様的存在、少なくとも教育界のエスタブリッシュメント（権威者）的存在であるマカレンコを切るというのだから、まさに「いごっそう」精神。

実は、当時の教育界に弓射るような異端児的な理論研究に対して、直接の指導教官だった新堀先生は、私の研究者としての将来を案じてくださった。しかし、結果的にはこれで、教育現場の実践指導における自分自身の立ち位置が明確になった。また、何よりも、著名な小児科医で育児評論家であり、ロシア革命史研究の開拓者としても知られる松田道雄氏から「若いのに感銘した」との手紙をもらうことができた。私としては、もうそれでよし、であった。

後者の「子ども文化論」も、片岡先生の弟子の一人として、私自身の「いごっそう」型の研究であった。児童学の分野では、「児童文化」という言葉が一般化され、大正デモクラシー運動の発展の上に、この言葉が無批判に謳歌されていた。それに「待った」をかけたのである。元来は、私の主専攻である「科学の社会学」の知識社会学的研究の発展であった。

すなわち、「児童文化」の用語の持つ、我が国における歴史・文化的造語における、高級・理念性、階層性、教育的拘束性などに注視し、その限界を挙げたのである。それは、片岡先生の手によって、学校教育の再生を文化論の視座からとらえなおす「子ども大衆文化の研究」へと進化・発展することとなった（片岡徳雄編『学校子ども文化の創造』金子書房、昭和五四年）。

これらはいずれも、片岡先生の言う複眼的視点を持つための主と副で言えば、「副」の研究のはずであった。

しかし、地方国立大（佐賀大学）の大学教員として教育現場に立つと、この二つが私の研究生活の柱となった。「マカレンコ批判」で言えば、教育現場では、現場教師の悩みは深刻、多岐にわたり、反集団主義教育は、私自身の拠って立つ基盤となった。「子ども文化」の研究に関しては、児童文化研究の裾野は広く、最近まで論稿を求められ、例えば「『児童文化』との対比で見る『子ども』の成立」（『子ども学』Vol.７、萌文書林、二〇一九年）などとなった。

最後に述べておかなければならないのは、片岡先生は、教育現場をとても大切にされ、教育研究面でも、そういう意味での現場主義であったことである。教育社会学の成立根拠の一つは、「知る（どうあるべきか）ために知る（どうなっているか）」（Ｅ・デュルケーム）にあるが、片岡先生は、教育現場・教師に尊敬の念を持って、謙虚に向かう先生であった。院生時代、市内の小学校の教育実践を観察させてもらう機会があったが、院生が集合時間までに揃わず、到着が遅れてしまった。その時の片岡先生の逆鱗は、いまだに忘れられない。実際、研究者の中には、教育現場に対してぞんざいな対応をする先生方も、少なくない。

片岡先生から、常に教育現場に尊厳を持って謙虚に接し、教育現場・教師から学ぶ姿勢を学んだことは、私自身のライフスタイル形成にとって大きいものがあった。教育現場を離れたこの歳になっても、まだ学び足りていないことを、心より師にお詫びしたい。

（佐賀大学名誉教授・國學院大學名誉教授）

7　片岡先生を偲んで

南本長穂

先生が教育社会学研究室の助教授として着任されたのは、一九七三（昭和四八）年の四月でした。私は大学院の修士課程二年。もう半世紀前のことで記憶は定かでなく、新堀先生（教授）の特研「日本の教育地図」に参加されておられたお姿と先生の演習で御著書の『学習集団を創る』を読んだ記憶しか残っていません。

演習の最後にご自宅に招いていただき、新富さん、教育行政学の古川さんと三人で、夕食を戴きました。食事が終わると御著書の感想を順番に喋ることになりました。事前に十分な読み込みや理解不足で、的確な意見を言えず、勉強不足を見抜かれ、快く思われなかった程度の記憶です。

だが翌年、博士課程に進学すると、片岡先生の「集団主義教育の批判」の共同研究が始まり、状況は一変。厳しい指導が始まりました。この時から四〇歳半ばまで、私の学問的未熟さ故に、先生から研究者の心構えや学問に取り組む態度を常に問う厳しい指導を受けた記憶しか残っていません。もちろん、指導を受けている時に、叱られない時もたまにはありましたが、その瞬間はまさに「嵐がやっと収まり、晴れ間が見えた時のような」ほっとした気分を味わえる一時でした。

厳しい指導をされる先生を見て、元来怠け者で仕事が遅い私とは違った世界があることがわかりました。原稿を書いている時の姿が一番楽しそうに見えました。集中講義に来て戴いた時、書いている最中の原稿を読まれます。しかも、その語り方（喋り）が上手で、読んでいるようには聞こえない一流の落語家に匹敵する臨場感が醸し出されていました。

先生の研究への意欲や動機の源泉はどこにあるのか。初期の頃の研究成果をみると、各時代状況の中で権威あるものへの反抗心・対抗心の強烈な強さが影響していると感じます。

例えば、私が四〇歳の頃、先生から博士号を取りたくないのかと尋ねられました。「学問的能力が低い」のでと答えると、私は退職までに七人には博士号を出したい。そうでないと、心理学の〇〇先生より出す数が少なくなる。数のうちに入っているとのこと。先生の退職二か月前に何とか課題をこなせました。

私は大学で働いていますが、先生の生き方や個性を理解できれば、同じ大学教員であればどんな教員でも理解できるという自信を持てました。今日まで大学教員の人生を歩めていることは、先生の御陰と感謝しております。

（京都文教大学教授）

8　笑顔が先生からの最高のプレゼント

押谷由夫

時々ふっと思い出す片岡先生は、決まって笑顔です。先生には、厳しいご指導を受けました。しかし、その時の厳しいお顔よりも、心に強く残っているのは、その後の笑顔です。そこに、先生の弟子養成への情熱と温かさを感じたからだと思います。

純真な研究者魂をお持ちの先生からの厳しいご指導は、同時にご自身に対する厳しさでもあると常々感じていました。大学院に入学してしばらくしてのことです。先生が共同研究をされている小学校に行くのが、遅れてしまいました。到着するや否や、烈火のごとく叱責され、帰ってしまわれました。リーダーである新富康央さんと南本長穂さんは、授業観察を終えて真っ先に先生の研究室に向かわれました。先生は、涙を流しながら、研究することの姿勢を述べられたということでした。そのあと、私たちのところに来られて、「これから気を付けるように」と笑顔で言ってくださいました。

先生の研究でアンケート調査をしたときのことです。調査項目を考えているときは、厳しかったです。その集計をしていた時には、満面の笑顔で「そうじゃろう、そうじゃろう」と、実に嬉しそうでした。ここにもまた、純真な研究者魂を感じました。

面倒見のよさと心遣い　ドクターコース二年の五月に助手をされていた新富さんが佐賀大学に着任されて、そのあとの助手をすることになりました。講座の新堀通也先生、片岡徳雄先生には力不足でご迷惑をおかけしてばかりでした。そのような状況を見かねて先生は、広島で開催された落語会に招待してくださいました。桂米朝一門の会で特に桂朝丸(現在の桂ざこば)さんの落語には、先生と一緒に笑い転げたことでした。

助手を終えるころ、讃岐幸治先生より高松短期大学の佃範夫理事長から誰か推薦してほしいということで君を推薦したいがどうかと尋ねられました。即座によろしくお願いしますと答えました。面接に行かねばなりません。その時の先生のアドバイスも忘れられません。「高松駅の改札口を出て、右手の方の階段を下りていくと、蕎麦屋があるからそこでそばを食べていきなさい。おいしいよ」と。緊張が一気に和らぎました。

高松短大に赴任して夏ごろだったと思います。職場での対応や初めての女子学生を相手にした大教室での講義などで悪戦苦闘している中で、先生の編集本の原稿の締め切りに遅れてしまいました。厳しい叱責を覚悟していました。先生からのおはがきには、「押谷君、ケセラセラだよ」と例の躍動する字体で書かれていました。その時のうれしかったこと。何度も何度も読み返しました。今振り返っても、このおはがきにどれだけ勇気づけられ、支えられたことか。今も大事に残しています。

先生の故郷高知での体験

高松短大で六年目を迎えていた時、「高知女子大学に行かないか」と、声をかけてくださいました。高知は先生の故郷です。大変うれしく思いました。着任すると早速に、先生の同級生の山崎清朗先生が研究室に訪ねて来てくださいました。先生が連絡しておいてくださったのです。

以後、山崎先生には、ずっとお世話になりました。山崎先生を介して、片岡先生と親しくされている先生方と交流することができました。皆さんこぞって、先生の逸話やお人柄等について楽しそうに語ってくださいました。食事や酒の席はいつも先生の話題で盛り上がりました。高知の知人にとって、先生はかけがえのない存在であり、高知県人を代表してくださっているという思いが強かったのだと思います。先生は、「いごっそう」から見ての「いごっそう」であり、高知県人の豪快さと繊細さを併せもっておられるのだなと、高知に来て実感したことでした。

先生が高知に来られるたびに連絡いただき、ご指導を受けていました。そのような中、「そろそろ博士論文を書かないかね」と、うれしいお言葉をいただきました。具体的な指導を受けているときに、文部省の調査官への話がトントン拍子で進んでしまいました。先生は、研究を優先させるべきだと強く引き止めてくださいました。結局文部省に行くことになりました。なかなか許しは得られませんでした。先生には「絶対に博士論文をまとめますのでご指導ください」とお願いし、文部省へと旅立ちました。

文部省での先生の知名度に勇気づけられる

文部省に赴任してまず感じたことは、先生が主張されていることがごく普通に話されていたことです。「支持的風土」「個を生かす集団」「容認、支援、自律」等々、調査官の皆さんからよく聞くことができびっくりしました。このことに意を得て、担当の道徳教育において、学級経営との関連や、道徳の時間と特別活動との連携、総合単元的道徳学習など提案させていただきました。その根幹には、片岡先生から学ばせていただいたことがあったことはいうまでもありません。

先生は、文部省に来られるたびに立ち寄られ、励ましてくださいました。そのような中、歌舞伎座に招待いただいたことがあります。「いま中村勘九郎（のちの勘三郎）が四谷怪談をやっているので見に行こう」ということでした。並びの特等席を用意いただきました。途中、不覚にもうとうとしてしまいました。しまったと思って先生を見ると一生懸命にメモをされています（先生のご高著『四谷怪談の女たち』（小学館）には、この時のことが克明に描かれています）。貴重な機会を同席させていただいたのに何たることと反省しきりでした。観覧の後、小料理屋に連れて行ってくださいました。にこにこしながら「猫に小判じゃねえ」と言いつつ、「疲れているんだねー。身体には十分気を付けるように」と温かいお言葉をいただいたことが忘れられません。

博士論文への過分なご指導を受ける

このような励ましをいただきながら、なんとか仕事には慣れてきました。悩みの種は、博士論文をどうするかです。先生との約束を果たさなければなりません。先ずテーマを考えなおしました。仕事と直結するテーマであれば、取り組めます。そこで、日本の道徳教育を充実させるためには、昭和三三年に道徳の時間が特設された時の実態を明らかにする必要があると考え、テーマとしました。先生にご指導いただき進めたのですが、なかなか進みません。そうこうしているうちに、先生の定年が近づいてきました。そこで、先生に文部省の会議の委員をお引き受けいただいたことから、会議の翌日にホテルでご指導を受けることをお願いしました。ほぼ毎月会議がありました。その都度、参加いただき、ホテルで長時間にわたりご指導をいただきました。毎回資料を用意するのは大変でしたが、根気強くご指導してくださいました。

しかし、先生の定年に間に合いませんでした。そこで、教育哲学講座の小笠原道雄先生につないでくださいました。小笠原先生は片岡先生の頼みだからと、当時副学長をされていたのですが、快くお引き受けくださり、二年間にわたってご指導を受けました。そして、無事に博士号を取得することができました。ご報告にお伺いした時、最高の笑顔で迎えてくださいました。今も先生の笑顔に励まされ続けています。

先生に、心より感謝申し上げる次第です。

（武庫川女子大学教授）

9　片岡先生を偲んで

河野員博

片岡先生との最初の出会いは、もう半世紀前の学部三年次・教育社会学演習だったと思います。その当時の先生は福山分校所属であり、もちろんお顔も存じ上げず、どんな先生なのかなという感じでした。ところが最初の講義の時、先生は体調不良の故か（確かぎっくり腰だったと記憶する）講義室にはおいでにならず、当時助手だった近藤幸夫さんがK・マンハイムの原書コピーを皆に配布し、「次回以降これを読んでいく」旨の片岡先生からの指示をいただいてその日はお開きに……、そんなめぐり合わせでした。その頃の広大は大学紛争真っ只中でキャンパスも混乱気味、さらに貫禄十分の末吉教授は学部長の要職でお忙しく、新堀助教授は文部省社会教育官に配置換えで広島にはご不在とあって、わずか半年間の演習を通してではありましたが、比較的お若い片岡先生に親しみを感じるご縁を得たわけでありました。卒業後は院進学せず就職したのですが、研究職への思いを断ち切れず悶々とした日々の中、福山の広大官舎に先生をお訪ね し前向きなお話をいただいたことが、今となってはその後の私の生き方を大きく後押ししたものと思っています。

四年間の公務員稼業を経て院生になり、新堀先生と片岡先生のもとでの《教育社会学生活》がスタートしました。新堀先生の理論的なアプローチに対し、片岡先生のそれは臨床的な現場感覚のアプローチであり、研究室としては良いバランスで運営されていたと思います。私はといえば、やや社会心理学風な発達社会学にも関心はありましたが、メインはマクロな社会学に軸を置いた教育社会学を志向していたこともあり、片岡先生ならではの学習集団から迫る教育社会学には今一つ乗り切れなかったのが本音です。もちろん片岡先生はそんな私を重々お見通しであったはずです（汗）。ですが研究室の共同研究の一環として個集研には関わっていましたし、音楽や演劇や文芸を通しての効果的学級集団作りにも参加させていただき、小・中の学校現場に出向いたり、多方面の分野の先生方と出会う貴重な体験も得ることができました。後年になり、私が勤務校で教職課程担当となり都合三五年間を何とか遣りこなせたのも、院生時代のこうした経験が役に立っていたものと回想する次第です。こうした中で印象的であったことの一つは、東北地方の大学での学会に参加した時のことです。いつものように研究室メンバーで大挙して研究発表に臨んだわけですが、なぜか我々院生の不届きの故か片岡先生のご機嫌が悪く、一計を案じて先生を交えての蔵王へのレンタカー・ドライブと洒落込みました。（因みに、その時のドライバーは私でした）その効果があったかどうかは定かではないのですが、心なしか先生のご機嫌も麗しくなったかのような……。その際のショット写真が今も何枚か手元にあるのですが、懐かしいですね。

私が院を出てからは、研究室の共同研究とは次第に縁遠くなり、時たま外部参加者として微力ながら片岡研に馳せ参じる程度であったかと思います。一九八七年刊行の『教科書の社会学的研究』（福村出版）はそうした共同研究が結実したものと思いますし、学校現場をしっかりと見据えた実証研究を終始追究され、院生やOB諸氏を糾合した片岡先生のフィクサーぶりを窺わせる成果に思えます。その後片岡先生が広大から広島経済大学に移られ、私自身も短大から広島県立大学（現・県立広島大学）に配置換えになった間もない頃、片岡先生から「新しい学力観についての共同研究を」とのお声をかけていただき、当時比治山大学の須田康之さん（現・兵庫教育大学）も交えての研究に参画させていただきました。ただその後ほどなくして、私にはいかにも唐突に思えたのですが、ご郷里の土佐女子短期大学・学長に転じられることとなり、それ以来先生と直接お会いすることはありませんでした。数年前からは年賀状も途絶え、研究室の先輩諸氏も近況をご存じなく、いつもエネルギッシュな先生であっただけに心配しておりましたところ、昨年三月に奥様からの突然のお葉書を頂戴したような次第です。

振り返りますと、お仕事柄転々とされた片岡先生のお住まいのことですが、安古市団地時代と己斐団地時代の残像が妙にビビッドに蘇ります。私も同じ広島市内住みであり、フットワークよろしくプライベートでも随分とお宅へお邪魔しました。これが許されたのも、先生のオープンマインドなお人柄の故であったのでしょう。とりわけ私個人的には、研究の上でもさることながら、それ以上に人生の節々で何かと諸々ご教示いただいたとの思いが強烈です。時には奥様もご一緒にという場面も多々思い起こされて、真摯にまた寛大に向き合っていただいた御恩は到底忘れることはできません。改めてここに深甚なる感謝の意をささげるとともに、謹んでご冥福をお祈り申し上げます。

（県立広島大学名誉教授）

10　片岡先生の思い出

加野芳正

片岡先生が亡くなられたとの訃報に接し、すでに新堀先生も亡くなられているので、自分にとっての「恩師」は誰もいなくなった、と寂しい気持ちになりました。

私が広島大学教育学部に入学したのは一九七二年です。入学した時の学部長は末吉悌次先生で、末吉先生が定年退職されると、片岡先生が福山分校から東千田に帰ってこられました。私が学部の二年生か三年生の時で、たぶん片岡先生の講義を最初に受けた学年です。その後、三好先生や小笠原先生が着任されました。私が学部から修士課程の時代に、新制広島大学の卒業生が相次いで帰ってこられたわけです。この先生方が、新堀先生、吉本先生、沖原先生らが退官された後の教育学部を牽引していかれました。

大学院は講座制でしたので、新堀先生と片岡先生が先生の「すべて」という状況になりました。博士課程の二年生、三年生と私は最上級生でしたので、院生個人の研究テーマは様々であっても、とにかく「二人の先生が自分たちの先生」という気持ちで研究室の運営に当たりました。そのことが研究室の平和にとって最善だったのですが、先生の研究を手伝わなければならない「作業日」も多かったように思います。香川大学に就職する段になって、研究能力はさておき、マネージャー（助手）としての才能はとても褒めていただきました。

大学院生を終えて香川大学に就職すると、物理的距離が心理的距離につながったのか、少しずつ疎遠になっていったように思います。片岡先生は広島での仕事を終えた後、出身地である高知に帰られました。同じ四国に住んでいたわけですが、長く療養されていたこともあり、お会いする機会はほとんどありませんでした。不義理なことをしたものだと思います。

片岡先生はとても「イラっち」で、英語文献の翻訳などで詰まると、イライラされているのがよくわかりました。デパートにご一緒すると、受付・案内に直行され、これはどこにあるのかとすぐに尋ねられるような先生でした。また、電話魔のところがあり、朝の八時頃に電話がかかってくると、たいていは片岡先生だったなと思いだされます。携帯電話が普及していない時代でよかったのですが、今だと「え、また先生か」と着信履歴をのぞいたことでしょう。

研究室のコンパでは、先生はとても陽気にふるまわれ、コンパが白けない唯一の講座（研究室）と言われておりました。それなりに学生も気を使っていましたが……。私は社会学の対象となる基本人数は三人以上だと思っているのですが、これは片岡先生にとてもよくあてはまりました。一対一（二人）の時は、本当にフランクで、親密性を感じさせる先生でした。しかし、三人以上になるとそこに社会が形成され、当然片岡先生はボスとして振舞われるので、時として片岡先生と別れた後、飲み直す必要がありました。

先生からは色々なことを教えていただきました。一つは文章のことです。片岡先生の文章は、一つひとつの文章が短く、句読点が多いのが特徴です。雑誌の原稿など添削していただいたこともあり、そうしたご指導のおかげで「文章は短く、平易に」という訓練が少しは身についたように思います。片岡先生は、加藤秀俊（社会学者）の文章に触発されたらしく、文章は誰か達人を真似たらいいよとも教わりました。

二つは生活指導のことです。先生は盛んに「ほうれんそう」を言われました。「報告」「連絡」「相談」ですね。これって、上下関係を前提にしていて、上司にとっての都合のよい言説に過ぎないのですが、組織人としての貴重な所作を教わったと感じています。

三つめは、教育研究の「引出し」を増やしていただいたことです。私は教育学部に就職し、教員養成の仕事をしてきましたので、学級経営を中心として、片岡先生から学んだことがとても役立ちました。特に現職の先生方が大学院生として入学されると、しばしば「個を生かす集団づくり」の話題を提供させていただきました。大学院と学校現場が片岡先生の教えによって繋がったといってもいいでしょう。

不義理ばかりの私でしたが、本当にありがとうございました。ご冥福をお祈りします。

（香川短期大学学長・香川大学名誉教授）

11　指導教員として、職場の上司としての二七年間

山崎博敏

片岡先生に初めてお目にかかったのは昭和四八年の入学式後の学科オリエンテーションで、東千田町の教育学部赴任二年目の助教授であられた。最初に受けた授業は二年生の教育社会学演習で、数人一組でテーマを選び共同研究を行い、レポートを提出する授業だった。三年生になって教育社会学が学校や学歴、社会移動など興味深いテーマについて実証研究を行う学問で、自分に合っている学問であることを確信し、ある日、

意を決して先生の研究室を訪問し、大学院に入学し教育社会学の研究をしたいと相談させていただいた。入試合格後、私は新館四階の教育社会学研究室での上級生の院生との共同研究の「作業」と談話により、水を得た魚のような学究生活を送ることができた。

昭和五二年に入学した大学院では毎週金曜日午後が新堀先生を中心とする特別研究、水曜日は午前中に片岡先生の研究会が行われた。両方とも発表がある週は忙しかった。そのころ先生は、こども大衆文化の研究を始められた。研究会では三つの思い出がある。まず、二時間弱の研究会の間に講演依頼や人事等の電話が頻繁にかかってきてそのたびに院生は席を外したこと、二つ目は質問紙の回答選択肢に「はい」、「いいえ」のほかに設定されていた「どちらでもない」をどのように解釈するかで片岡先生に食い下がったこと、三つ目は学会での発表時の口頭発表原稿の書き方としゃべり方についてコツを伝授していただいたことである。その時以来広大ご退職直前まで、論文原稿にはたびたび目を通していただいた。この貴重な文章の個別指導は、今も身肉に財産として生きているが、講演のしゃべり方についてはもっと教えを乞うべきであった。

昭和六一年からは先生の下で講師として仕えた。先生は、ここは家賃が高いところだと言われた。先生は広島大学教育学部の教授としての重責を果たすことに懸命に努力された。朝は九時過ぎに早足で研究室に入られ、電話をかけられた後、二人で打ち合わせを行い、その後授業、会議や雑務などをなされた。密度の濃い一日を送られた後、夕方には帰宅された。研究や原稿執筆は自宅でなされたと思う。それにしても先生は多産であった。広島大学ご退職の時点で、著書は単著が一四冊、共著と編著が三七冊にのぼった。当時の教育学講座では新堀先生、三好先生と片岡先生が競い合って毎年のように書物を出版されておられ、隆盛していた時代であった。

先生は、ご研究の傍ら、個を生かす集団づくりを理念とすると教育実践の指導にあたられた。私は、全国集団学習研究協議会時代の事務局を担当した。会長が片岡先生、副会長が森しげる先生、事務局長が高旗正人先生であった。毎年八月に開催される全国大会に向けて三月から大会案内の作成作業が始まる。講演、分科会の報告者と助言者、会場案内などを縦六〇センチ横二五センチ程度の縦長用紙一枚に作成する。報告者への発表題目等の問い合わせや助言者の内諾の確認などの仕事では、努めて会長・副会長・事務局長への報告・連絡・相談を行ったが、当時はすべて電話であった。この期間の自宅の電話代は軽く一万円を超えていた。七月初旬に各支部に大会案内を発送するまでの三か月余りは、授業を除くとこの仕事に専念した。八月に開催された全国大会にはいつも広島文教女子大学におられた倉田侃司先生の自動車に乗せていただいた。私は、下関、武雄、福岡、徳島、千葉の大会に参加した後、その仕事を、太田佳光さんにバトンタッチさせていただいた。

先生は学部長をご退任後は丸くなられ、原田彰先生が着任された後はさらに丸くなられた。それ以前の講師時代には、元来他人への配慮が不十分な私であるから頻繁に注意や指導を受けた。当時の院生をかばうこともできなかったことは忸怩たる思いがする。私の父親は温和で説教されたことがなかったから、人生で初めて厳父に出会ったような感覚であった。こどもの時に見た絵本に出てくる鬼の顔を思い浮かべる時もあった。私ほど長い間、先生の薫陶を受けた者はいない。さすがに三〇歳代後半になると悲しくなることもあったが、それに耐えられたのは、自分も同じ重責を担っている立場にあることと、先生の学究の姿勢を尊敬していたからであったと思う。

先生は、職責を果たすために自分を追い込み、毎日努力して机に向われ、様々な相手と格闘しながら、戦後誕生した教育社会学の道を切り開かれ、多数の著書や論文を出され、広島大学大学院教授の重責を十二分に果たされた。広島大学教育学講座の看板教授として教育・研究・管理運営・教育界へ大きな貢献をなされ、多数の後進を育てられたことに感謝し、謹んで先生のご冥福をお祈りしたい。

（兵庫大学教授・広島大学名誉教授）

12　片岡先生の思い出――「時間」のこと、新堀先生とのこと、そして文章指南――

村上光朗

先生と「時間」　私がまだ大学院生の頃、先生が私の原稿をチェックしてくださるというので、当時まだ東千田にあった広島大学前の飲食店でお昼をお伴したことがある。腰掛けるやいなや私の分も含めた料理をすぐに注文され、素早く原稿に目を落としあらかたのチェックを済まされた。けれども肝心の料理がなかなか出てこない。「トンッ、トンッ、トンッ」といらついたご様子でテーブルを指で叩いておられたが、「君～ぃ、僕はいまとても忙しいんだよ。時間がないのでもう待てない。食べずに帰るから。後はよろしく！」とおっしゃるやいなや、席を立って出て行かれた。支払いは先生が済ませてくださっていたから、結局のところ私が二人分食べることになってしまった。

確かにかなり短気なご性格ではあられたが、当時の先生は、あまたの講演依頼や放送局への出演を抱えたいわば「売れっ子スター」で、スケジュール帳は、多分真黒な状態だったのではないだろうか。寸秒を惜しむといった気配が身体中から漂っていた。

それゆえに、院生や学部生が時間を疎かにするような場面では、それこそ烈火の如きお叱りを受けたものだ。当時ドクター三年生だった伴恒信先輩が企画された「院生と学部生との懇親会」が比治山下の会館で催された折、片岡先生も参加されることになっていた。先生は集合時刻前に押っ取り刀よろしく早々に到着されており、予定時刻を過ぎてもなかなか集合しない院生以下に対して、額に皺を寄せて渋面をなしておられた。嫌な予感はしていたが、会がスタートした矢先に落とされた雷の凄まじさは、いまだに記憶に鮮烈である。「君たちは、時間をどのように心得ているのかっ!! 僕にとっての一分一秒が、どれほど大切なものか。それを遅刻するとは一体何事だーっ!!」。結局、片岡先生は、怒りを爆発されたますぐにお帰りになり、あとに残された一同は、バツが悪いままでスケジュールを淡々とこなしていったものだった(この点では、われわれも案外と面の皮は厚かったようである)。

新堀先生とのご関係　一九七三〜八五年度にかけて、新堀先生と片岡先生という、創造的かつ精力的な双頭を戴いていた広島大学教育社会学研究室は、院生にとってそれこそ目の回るような忙しさであった。ただ、片岡先生は、それなりに新堀先生に遠慮されていたところがあった。院生は、両先生のどちらの研究にも参加することが慣例化していたから、片岡先生は、新堀先生の研究の進行具合を横目で目測しながら、院生の余力を考えておられたように思う(とはいえ、院生にとっては、個人研究も含めて両先生の異なる共同研究にそれぞれ参加するのだからまさしく「月月火水木金金」であったのだが)。もしも片岡先生がその当時、「授業研究」や「小集団研究」に全精力を解放しておられたなら、院生の身そのものがもたないか、講座が研究領域に応じて大きく二分されてしまっていたはずである。今にして思えば、片岡先生としては、そうしたことへの深謀遠慮から、かなり禁欲的態度を貫かれていたのではないだろうか。

院生たちは片岡先生へのご自宅に招待され、酒肴のもてなしを受ける機会が幾度もあった。そうした席で、先生は新堀先生への感謝の言葉をよく述べておられた。「新堀先生は、高等教育研究で研究室を一本化しようと思えば出来たはずなのに、初等・中等教育への視点も大事にされていたからこそ、自分を採用してくださった」のだと。もちろんそこには、ご自身の研究への矜持や、新堀門下諸氏への強い対抗意識があったに違いないが、両先生の関係は、総じて穏やかで友好的なものであったように思う。お二人の研究室は、個々に隔絶された構造ではなく、お互いに自由に行き来ができるための室内扉がついていた。多分どの講座（たとえば教育哲学講座など）にもそうした室内扉があったのだと思う。プライバシー第一の現在からすれば、とても不思議な感覚に襲われるが、講座制の象徴的構造だったのだろう。けれども講座内の先生方の人間関係によっては、「開かずの扉」のままで閉ざされていた室内扉もきっとあったはずである。この点、教育社会学講座は、「自由な扉」としていつも機能していた。学部生を交えて行う読書会の時間はもちろんのこと、新堀先生の研究室で行われる忘年会や新年会には、必ず片岡先生が隣室からその扉を開けて気軽に参加され、学部生、院生全員で楽しんだことが、いまでも懐かしく目に浮かんでくる。

加野芳正先輩が名幹事ぶりを遺憾なく発揮された研究室の卒業パーティーや新歓パーティーでも、お二人はいつもご一緒だった。ちなみに、片岡先生の歌の十八番は、艦隊勤務を謳った軍歌・「月月火水木金金」であった（そして新堀先生は、きまって「高校三年生」であった）。

先生からの文章指南　先生が講演の名手であったことは誰しもが認めるところである。よく次のようにおっしゃっていた。「講演会が終わって、自分の席に戻るまでに拍手が止むようでは、せいぜいのところ良い講演に過ぎない。席に戻るまでずっと拍手が鳴り止まないのが、本当に優れた講演だ。僕はそれをいつも意識している」と。落語のレコード（当時はまだＤＶＤもＣＤもなかった）を何度も聞いて、話のツボや語り口調を研究しているのだということを、先生ご本人から聞いた覚えがある。学部時代に受けた片岡先生の「教育社会学」の講義も、ユーモアやウイットに富んでおり、軽妙な口調にはリズム感があり魅力的であった。話し上手であるとともに、文章の達人でもあった。「文章中のどこに読点をいれるか」が、文章のリズムや論理に大きく影響するとして、常に最大細心の注意をはらっておられた。また、「句点」を効果的に用いて、簡潔な文章表現にするようにいつも心掛けておられた。冗舌なだらだらした文章や無味乾燥な文章とは無縁の先生であった。

そんな先生から缶詰め状態で文章指南を受けたことがある。私が修士課程に入ってすぐの片岡先生の共同研究は、「学校子ども文化の研究」であった。この成果をまとめた本が『学校子ども文化の創造』（金子書房、昭和五四年）である。この本のなかで、私は書物に載る文章を生まれて初めて書くことになった。担当した箇所は、「学校体育の分析」と題した一節で、加野芳正先輩との共論であった。加野さんは、すでにこの頃から速筆で、しかも構成力のしっかりとした明解な文章を書くのが得意であった。私はというと、なんと初舞台にして原稿を落とすという失態を演じてしまう。締め切り日を大きく過ぎたというわけではなかったものの、遅れて提出したこと自体が片岡先生にとっては許されないことだった。

早速に安古市町大町（現在は安佐南区）にあったご自宅に電話で呼び出された。不安を抱えたままバスを乗り継いでご自宅まで到着すると、早々にきついお叱りが待ち構えていた。その後、先生からの文章指導がスタートした。もっと分かりやすい簡潔な文章に出来るはずだと促され、まずは自分でもう一度文章をリライトすることになった。一回目のリライトは即落第、書き直しは何回かに及んだ。けれども、なかなかオッケーのサインがでない。そうこうするうちに、夜も更け、帰りのバスの便が心配になってきた。あとわずかで最終便もなくなるという頃に、ようやく先生からのお許しが出た。けれども、最後に一言だけ釘をさされた。「君は、『〇〇〇なのである。』という言い回しを多用する癖がある。これは良くない。これでは文章が重く冗長になってしまう。『〇〇〇である。』『〇〇〇だ。』を意識して心掛けるように。『〇〇〇なのである。』は、最後の最後の締めの表現だけに用いるように。いいかね」。その言葉を聞いて、再び自分の文章を眺め直してみると、確かにそうした表現を多用する癖があることに気づかされた。

帰りのバスを気にして、原稿をそそくさとカバンにしまっていると、先生は書斎からあるものを持ってこられた。それは、薦を被った日本酒の小さめの樽であった。「ご苦労でした。これは帰ってから下宿ででもゆっくりと飲みなさい」。その言葉を聞いて、その日本酒をまだ飲んだわけでもないのに、何だか気持ちの良い疲労感と酩酊感とが全身に一気に広がっていったことを覚えている。

帰路のバスのなかで、席の横に鎮座する薦被りの日本酒が何やら儀式仕様のような気がして、自然に笑いがこみあげてきた。「今日のことは、片岡流のひとつの儀式だったのかな？」と思うと同時に、私のために多くの時間を割いて下さった先生の、渋くて粋な着物姿がなぜか目に浮かんできた。その日帰って飲んだ日本酒の味は、どこか優しかった。

（鹿児島国際大学教授）

13　学恩を顧みて

村上登司文

片岡徳雄先生は広島大学教育学部に赴任される直前は、広島大学教育学部福山分校の教員もされていた。私はその福山分校の附属中高等学校の生徒であった。中学二年生の時に父が亡くなり、それを気遣って声をよくかけてくださった福山附属中高校の中川敬行先生は、片岡先生の広島大学教育学部教育学科時代の学友であった。私が福山に帰省したおり、中川先生宅をしばしば訪問していたが、中川先生の語りが私の片岡先生像の基盤を作ったように思う。

片岡先生の教育社会学の授業でエーリッヒ・フロムの『自由からの逃走』の説明があった。卒論ではフロムの本を紹介し、『愛するということ』の論を中心にまとめた。修士論文で平和教育について書きたい旨を先生にお伝えしたら、当時はそのテーマで研究する文献が少ないので難しいと知らされた。それで、オルポートの『偏見の研究』を理論的根拠として、人種民族的偏見の研究について修論をまとめた。片岡先生のご指導の下で、広島大学時代の私の研究テーマが決まっていったと言えよう。

新堀先生のご紹介で鹿児島女子短期大学への就職が決まった。見知らぬ土地への就職を不安に思う私に、片岡先生は「ベストではないかもしれないが、ベターな選択」といって、鹿児島へ送り出していただいた。旅立ちに際し先生からは「至誠配慮」の色紙を贈られた。数年後、鹿児島で書きためた論文集を片岡先生にお送りしたところ、京都教育大学の教員募集案内をご紹介いただいた。鹿児島女子短期大学で英国留学していたこともあり、「留学生および教育社会学」担当の枠で採用してもらった。その京都教育大学では、三〇年の長期に渡って平和教育の研究と教育を自由に行うことができた。

途中の二〇〇九年に単著を初めて出した折に、片岡先生に学恩のお礼と、献本を兼ねて出版のご報告に訪問した。二〇〇九年一二月二四日にご自宅に押しかけてご迷惑だったかもしれないが、奥様とご一緒に「土佐鶴」で歓待してくださった。そのとき戴いたありがたいお祝い金は、私の机の奥に大事にしまってある。片岡先生とは年賀状を交換させてもらってきたが、直接お目にかかったのはそれが最後となった。先生が七八歳で一二年も前のことであるが、今思えばお会いできたことは、海より深い学恩に感謝できた良い機会であった。学者人生の節目ごとに、片岡先生には背中を押して励ましていただいたように思う。

（京都教育大学名誉教授）

14　片岡先生との思い出

太田佳光

片岡先生との思い出には、叱られているシーンが必ず浮かんでくる。叱られた思い出は、先生に教えをいただいた元院生たちの酒の席での共通の話題でもある。自分の方がもっと叱られたと、そのエピソードをあたかも自慢するかのように披露するのが、元院生が集まって飲んだ時の定番であった。私もご多分にもれずしっかりと叱られていた方だが、今思い出すのは、先生との懐かしいシーンの数々である。

助手を務めていた時のルーティンは、週明けの朝の研究室訪問から始まる。その週に集めておくべき文献や論文リストを先生から預かり、図書館や他学部の図書室・研究室を訪ねて歩くのが、助手の日課だった。

その時は、資料収集の大変さばかりを感じていたが、今思い返すと、あれだけの資料を必要とされる仕事を日々こなされていたのだと感心をするしかない。研究に情熱を傾けられていた先生の姿を、あの資料集めの日々から懐かしく思い出す。

先生から聞いた言葉の中で、最も印象に残っているのが次の言葉だ。「ジャーナリズムは、百の出来事を一つの言葉で伝えるのが仕事だが、研究は、一つの出来事を百の言葉で伝えるのが仕事」だと。私自身が関心を持ち、取り組んできた「解釈学的な研究」の手法にもつながる言葉だと思っている。何故だか分からないが、印象に残った言葉の一つである。

叱られたことは書けば限りがないが、唯一誉められた事がある。それは「太田君は、意外と文章がうまいね。」という言葉である。酒の席での何気ない言葉だったが、文章を紡ぎだす仕事をする私にとって、それは、かけがえのない誉め言葉であった。(もっとも、今、この程度の文章しか書けない自分には、忸怩たる思いもありますが。)

また、先生には本当にお世話になった。大学院に進学する前、私の将来を案じて、天満屋の裏にある居酒屋で人生相談に乗っていただいたこともあった。また、愛媛大学に移る前には、もといた私大のワンマン理事長に、わざわざ金沢まで頭を下げに来てくださったこともあった。その時の申し訳ない気持ちと、有難い気持ちを今でも覚えている。大学教員となってからも色々と細やかな配慮をいただいた先生は、私の恩人である。この気持ちは、先生がお元気な時には伝える事ができなかったが、それは紛れもない真実の気持ちである。

(岡山商科大学教授・愛媛大学名誉教授)

15　「講演」参加演習の思い出

菊井高雄

片岡先生には複数の思い出がありますが、一番印象に残っているのは「講演」参加演習です。D1の頃、広島市内の小学校で先生が講演されたとき、随伴していた院生に先生はこう言われました。「私の講演のどこが良かったか後で聞くから、そのつもりで真剣に聴きなさい」と。確かに講演は非常に素晴らしいもので、論理的のみならず面白くて印象に残る話でした。

終了後に誰かがそのような感想を述べたところ、先生は「君たちは全然わかっとらん！」とご立腹。「聴衆の拍手はどうだったか？」「いや、それはもう盛大でした。」「そんなことはわかっとる！　拍手がいつまで続いたかを聞いてるんだ。」「そう言えば、先生が袖に下がられてからも拍手鳴りやまずでした。」「そこがポイントだよ。講演終了後、袖に下がる途中でやんだら、それはお義理の拍手。今日の講演は今ひとつだったということ。しかし下がってからもなお拍手が続いていたら、成功した証拠。わかったかね？」「はあ、だいたい……」「まったく……君ら相手ではもの足らんが、しょうがない。答えを教えてあげよう。話は論理的でわかりやすいことが初級レベル。これさえ今の君たちには難しいよ。起承転結に心がけなさい。前置きは抜きで、切り出しや終わりの言葉に気をつけなさい。代名詞や体言止めを上手に使ってリズムをつけるんだ。さらに聞いて面白ければ中級になる。この場合、ちょっとしたユーモアと「間」が必要だが、私はそれを落語から学んだ。君たちも暇があったら落語を聴きなさい。大学の講義ならここまでで十分。ただし、一般聴衆向けの講演となると、この程度では『ああ、面白かった』で終わり。印象に残らないんだ。だから、話にもうひと工夫いるんだよ。何かわかるかね？」「いや、さっぱり……」「君たちは藤山寛美を知ってるか？」「はあ、名前だけは、小さいころテレビで見た覚えも」「藤山寛美の良さは面白いだけじゃないんだ。話の途中や最後の方でちょっとしんみりするから心に残るんだよ。だから、話は笑わせて最後にちと泣かす。その際、オーソドックス以外の私事（自分の経験）を少しだけ混ぜるとよい。あくまでも控えめに。さらに言えば、時々聴衆を見ながら『語りかけるように』話しなさい。だから呼びかけは『みなさん』ではなく『あなた』でなければならない。講師が自分に直接語りかけるからこそ、心に響くんだよ。ここまで行けば上級だね。」初級も怪しい不肖弟子の思い出でした。

（宮崎大学医学部非常勤講師）

16　片岡先生の思い出

浦田広朗

片岡徳雄先生の前任者であり、私たちの共通の恩師である新堀通也先生の追悼集に、村上光朗さんが「先生への詫び状」を寄稿されている。片岡先生への詫び状は私が差し上げなければならない。

一九七七年に広島大学教育学部に入学した私は、その二年後、卒業論文のために所属する研究室として比較教育制度学研究室を選択した。各国の文化による教育の在り方の違いに興味を抱き、アメリカを中心に盛んになりつつあった教育人類学を勉強してみたいと思ったためである。しかし、勉強を進めるうちに、教育人類学は教育社会学のミクロ領域との関連が深いと考え、大学院進学にあたっては、教育社会学研究室への移籍を希望するようになった。当時、研究室間の移籍は多くはなかったと思うが、厚かましくも片岡先生に相談申し上げたところ、現在の研究室で卒論にしっかり取り組み、大学院入試に合格することを条件に、移籍をお許しいただいた。学級集団のようなミクロ領域の問題に人類学の視点から切り込む研究を期待されてのことだったと思う。

教育人類学の勉強は修士課程でも続け、その方法論を中心に拙い修士論文を書いたが、勉強していく中で、フィールドワークを中心とする人類学の方法は自分には難しいと考えるようになった。一方で、研究室の共同研究として進められていた科学社会学の計量的研究への関心が強まり、博士課程進学後には個人研究としても、科学社会学に向かうことにした。この転換も先生はお許し下さり、初期の研究成果として、学問間の情報の流れについて報告した際も、その意義を認めて下さった。しかし私は、転換後の研究を十分に深めることなく満期退学となり、千葉県の私立高校教員として就職することになった。

退学後の就職先が研究職ではないことを心配された先生は、東京ご出張の折に千葉の学園にお越しになり、研究が続けられるよう、私の処遇改善を申し入れるようなこともして下さった。当時の研究室の共同研究「教科書の社会学的研究」へ参加するよう御指導いただき、先生が編者となった同名の研究書への執筆もお許し下さった。お陰で、高校教員でありながらも研究から全く離れるには至らず、二年を経て研究職に就くことになった。

さらにその後に訪れた転職の機会にも先生に御迷惑をおかけすることがあったが、その時も先生はお許し下さり、むしろ、早く学位論文執筆に取り組むよう勧めて下さった。しかし私は、特定の研究テーマに集中しない散漫な態度のまま、学位論文に着手することなく長い年月を過ごしてしまった。学位取得に至ったのは大学院退学の三二年後である。先生の御存命中には間に合ったものの、十分な御報告と御礼を申し上げることはできていない。

このように私は、事あるごとに先生の期待を裏切り、先生の御指導とは異なる方向へ進んでしまったが、先生は変わることなく見守り、助けて下さった。現在の私が、先生からしていただいことの万分の一でも勤務校の学生に対して実践できているかを振り返ると、申し訳ない気持ちで一杯になる。片岡先生の一周忌を迎えた今、教育への精進を改めてお誓いしなければならない。

（桜美林大学教授）

17　人間万事塞翁が馬──「片岡ワールド」との出合い──

島田博司

一九七九年、大学三年生となった私は、教育社会学研究室のゼミに入った。そこには、新堀通也先生と片岡徳雄先生がおられ、両教授の薫陶を受けることになった。

片岡先生の授業で魅力的だったのは、「劇表現を教育に活かす」試みである。とりわけ印象深かったのは、大学院に進学した折、玉川大学の岡田陽先生を招いて学部生を対象に実施された授業である。オブザーバー気分でいたところ、岡田先生から突然声がかかり、あれこれと演技をさせられた。一瞬ドギマギしたものの、やりはじめるととてもおもしろく、周囲から「君は向いている」といわれたこともあいまって、この体験は心に強く残った。後日、大学教師として教壇にたったとき、それはとても役立った。

研究指導では、私の研究対象が科学社会学ということで、直接的な指導は新堀先生に仰いでおり、片岡先生の研究テーマとは距離があった。だが、これが幸いする。一九八五年三月に新堀先生が退官。これを受け、片岡先生は博士課程後期三年のときに新たな指導教官となり、続いて研究室の助手として一年ほどお世話になった。そのころ先生は、研究室での共同研究のテーマとして「教科書の研究」を進めておられた。そこで、私の研究との接点を探るうちに、「科学的創造性の教育」というテーマがみつかった。それは、「境界人の迫害と創造性」(『仲間づくりと授業7』黎明書房)や「エポニミーと科学教育」(片岡編『教科書の社会学的研究』福村出版)などの形となって結実していった。ふりかえってみれば、「片岡ワールド」との出合いは、創造性が発揮される要件のひとつである、異質なものとの出合いを満たしていた。修士論文で科学的創造性が発揮される状況を明らかにしたが、実際に自分が研究する際にそれを体感することになった。人生、なにが幸いするかわからない。まさに、「人間万事塞翁が馬」である。

一九八七年に武庫川女子大学に就職してからは、先生が当時まだまだ未開拓だった「大学授業の研究」を進められていた共同研究に、私は着手したばかりの「私語の研究」で参加する機会を得た。成果は、『大学授業の研究』(片岡・喜多村編、玉川大学出版部)や『現代学校教育の社会学』(片岡編、福村出版)に収録された。先生との直接的な関係は、これが最後となった。

私の若き日に研究の土台づくりをしてくださった先生に、改めて感謝するとともに、心よりご冥福をお祈りいたします。

(甲南女子大学教授)

18　私と「片岡徳雄先生」

大膳　司

私は昭和五七年四月に広島大学学校教育学部中学校教員養成課程数学専攻を卒業後、当時、教育学の中でも数量分析研究が多くを占めていた教育社会学を学ぶために大学院教育学研究科教育社会学研究室に進学した。私が広島大学・大学教育研究センターの助手に就職した昭和六一年三月までの四年間、片岡徳雄先生から指導を受けた。なお、私が大学院に進学した時の主指導教員は新堀通也先生であったのであるが、新堀先生が三年後に退職されたため、その後の主指導教員を片岡徳雄先生に引き受けていただいた。院生の四年間は、新堀先生からは高等教育の分野での指導を、片岡先生からは「個を生かし集団を育てる学習研究協議会」(以下、個集研、と略)、教科書研究会、大学教育研究会、に参加させていただいた。

個集研においては、小・中学校の研究授業に参加し、実験研究授業によって得たデータに基づいた研究会に参加して研究を進めた。その成果は、「進路指導の基礎として」片岡徳雄監修『全員に出番のある学級を創る――校内暴力との絶縁』(黎明書房、一九八六)として出版させてもらった。この研究会については、何よりも、私自身が片岡先生が指導していた小学校のころからお世話になっていたことを大学院生になって知った。

教科書研究会では、旧国立教育研究所の倉庫に保管されていた戦前の国定教科書や戦後の教科書を探すために、東京に出張したことはよい思い出である。教科書研究会での成果は片岡徳雄編『教科書の社会学的研究』(福村出版、一九八七)の中で「モデルのパーソナリティ」「親子関係の変化」「教育知識の専門性と実用性」

の三つの章を担当させていただいた。

私の最初の職場である広島大学大学教育研究センター（現在は、高等教育研究開発センターと名称変更）の時、片岡先生は喜多村和之先生と協力しながら、大学教育研究会を開催され、私も参加させていただいた。その時の成果は、「よい授業とは——教員からみて——」（片岡徳雄、喜多村和之編『大学授業の研究』玉川大学出版部、一九八九）として出版された。

私は、片岡先生の紹介を受けて、研究室の先輩である芳澤毅先生のおられる琉球大学へ職場を移した。その際に、先方が、データ分析のできる研究者を求めているということで、急遽、「データと解析」（片岡徳雄編『教育社会学』福村出版、一九八九）を出版させていただいた。

先生は、間違いなく、私の大学教員としての出発点において重要な先生の一人であった。

私は新堀先生と片岡先生との交流の中で、「大学院生は他の大学院生や教員との交流の中で育つ」「その成長レベルは交流する院生や教員のレベルによって規定される」との仮説を設定して、「日本の大学人の科学的社会化」（片岡徳雄編『現代学校教育の社会学』福村出版、一九九四）を執筆した。この論文については、片岡先生から「これまでの論文で一番良い」とおほめ頂いた。

琉球大学に赴任してから後は、私の研究対象が主に高等教育であったため、小・中学校を対象に研究されておられた片岡先生とはかもめーると年賀状だけの交流となった。

長年のご無沙汰を詫びる機会を逸してしまったが、片岡先生から受けた薫陶を胸に、退職まで数年にはなったが、恩返しのつもりでもうひと踏ん張り頑張りたい。


（広島大学教授）

19　片岡徳雄先生の思い出

須田康之

私が片岡先生に初めて教えを受けたのは、学部二年生の「教育社会学」という授業であったと記憶している。先生は、毎回、授業の終わりに感想を提出させることを課され、次の授業の最初に、先生が関心を持たれた感想を受講生の皆に披露し、それに対してコメントされていた。私は、自分の感想がなかなか取り上げてもらえず、いくらか悔しい思いをしていた。が、ある時、「須田君、君の感想はよかった。今度出版する『情操の教育』の教材として使わせてもらえないか。」とおっしゃった。私は、先生からお声をかけていただいたことがうれしくて少々舞い上がってしまったように記憶している。感想の内容は、高校時代登山部に所属しており、部員たちとキャンプで同じ釜の飯を食べたことを高校時代の思い出として紹介したものであった。教育社会学の領域で言えば、青年期の自己形成、友人関係の形成、競争と協同というところになるであろうか。後に、『情操の教育』は放送大学のテキストとして為されたことを知り、このテキストとともに、私が書いた文章をナレーターが朗読した音声データをいただくことになる。このようなことが契機となり、私は、片岡徳雄先生に惹かれ、教育社会学という学問に飛び込むことになるのである。

修士論文は、「自己概念の社会学的研究――M・ローゼンバークを中心として」というタイトルで執筆した。当時、教育社会学研究室の共同研究として教科書研究が行われており、その成果として『教科書の社会学的研究』（福村出版、一九八七）の第一一章「自意識の形成」を担当させていただいた。この研究は、諸外国の歴史教科書の中に日本がどのように記述されているかを明らかにし、かつ、日本の歴史教科書の中に諸外国がどのように描かれているのかを比較対照し、それぞれの国に対するイメージがどのように出来上がっているのかを押さえることをねらいとしていた。調査結果は興味深いもので、日本の教科書では諸外国との関係は友好的に描かれていたが、諸外国の教科書の中では、日本は戦争との関係の中で描かれていた。さらに、同じアジア圏にある中国と韓国に対して、特に韓国に対しては歴史教科書のなかでも、自他の認識に隔たりがあることが判明した。このような知見を、修士論文の中にも一章として盛り込んだのだが、どうも全体のバランスが悪く、片岡先生からは、「読むのに苦労した」と指摘されたことを記憶している。

そのため、博士論文をもとにして出版した『グリム童話〈受容〉の社会学――翻訳者の意識と読者の読み――』は、少しでもよいものにしたいという思いがあった。ここでの内容は、日本という国において異質な文化を取り込む際にどのような基準でそれを取り込んだのかを、グリム童話という読み物で探究したものである。加えて、実際にグリム童話がどのように読まれているのか、日本国内はもちろん、中国、韓国という社会の中での読まれ方と比較をする試みを行った。日本に入ってきたグリム童話は、ハッピーエンディングで終わるものや、ヘルバルト学派のツィラーとラインが教科書教材として選択したような児童の情操を育むと考えられる話を好んで取り入れたことが明らかになった。そしてまた、日本、中国、韓国の児童の読み方を比較したとき、日本では「協力」、「生命の大切さ」、中国では「知恵」、「人を見る目」、韓国では、「親の言いつけを守る」、「善に生きる」、「知恵」というような独自な読み方がなされており、同じ読み物でもそれが読まれる文化的背景が物語の読まれ方に大きな影響を与えていることを明らかにした。

本が出版され、片岡先生にお送りし、すぐに感想を返していただいた。「この本は最初にしては良い出来です。二重丸を付けることができます。ただし、最後の総括が弱い。時間切れの感があるので、次につなげてほしい」。今後は、児童個々人の読みを探っていくことを奨められた。博士論文を提出し、出版ができたことで一段落したと安堵していた時である。私の研究への見通しを提示して下さったのである。

ちょうどこの時、ドイツを訪問する機会を得、ドイツでの児童の受け取り調査を行い、グリム兄弟記念館を訪問する機会も得た。しかしながら、折角の片岡先生からのご助言を生かせぬまま今日に至っている。後悔しているところである。子どもはどう読むのかの研究を継続していれば、今日、課題になっている子どもの学びの解明に繋げることができていたかもしれない。

恩師である片岡徳雄先生には、節目節目で大事なご助言をいただけた。まさに導きの師であった。それを生かしうるか否かは受け手の力量ということであろうか。今年還暦を迎える身となっては、もう二〇年前に後戻りはできない。ただしかし、いま私にできることは何かと考えた時、私がこれまでに読んできた本を再度読み直しながら、書物との対話を自身の自己形成史の中に位置づけて教育社会学的視点から考察してみることではないかと考えている。遅ればせながら、片岡先生からのご助言を金言として受けとめ、研究者としてもう一歩成長したいと考えているところである。

（兵庫教育大学理事・副学長）

20　恩師片岡先生を偲ぶ

呉　康寧

私は、中国の「改革開放」後の国家からの第二陣の大学院留学生として、一九八三年一〇月に広島大学教育学部教育社会学研究室に入学しました。

私は当初、新堀通也教授のもとで教育の社会的機能について研究していました。新堀先生が一九八五年三月に定年退職された後、片岡徳雄教授が私の指導教官となりました。片岡先生は非常に率直で明快な人で、教育の社会的機能の研究はあまり指導できないと言って教育のミクロ領域の研究に興味があるかと尋ねられました。ちょうど私は、帰国後に学校教育の実態を明らかにし、改善することに貢献したいと思うようになり、学級の社会学を主な研究方向としました。

私は片岡先生から丁寧に指導を受け、学位論文の問題選定、研究の枠組みの決定、研究方法の選択、研究結果の分析に至るまで多くの示唆を受けました。片岡先生は、私が日本の小学校教育の実態を理解し、日本の教育実践研究の実態を理解するために、小学校を見学したり、指導している研究団体の活動に参加したりと、何度も紹介してくれました。片岡先生から学術書をいただいたこともあります。その中に片岡先生の博士論文「学習集団の構造」があります。

片岡先生は私の勉強や研究を指導するだけでなく、身体や生活にも関心を持ってくれました。時々、日本人や日本文化についての意見を聞かれ、異国にいる外国人留学生への思いやりと尊敬を感じました。

中国政府の派遣計画によると、私たち留学生は修士号を取得した後も博士課程に進学することができます。しかし、私は母校の南京師範大学の教育と科学研究者が非常に不足していることを考慮して、修士課程を終えた後、博士課程に進まず、早く母校に戻って仕事をするつもりでした。

片岡先生は最初、私の考えを理解できず、博士課程をやめるのはもったいないと思い、博士号を取ってから帰国してより大きな役割を果たすよう強く勧めてくれました。私は、母校の教員陣の窮状が気がかりで、やはり修士課程を終えて帰国するつもりでした。片岡先生は二度も私を説得し、私が決心したのを見て、最終的には私の選択を尊重すると言ってくれました。特に感動したのは、修士課程から博士課程に進み、半年後に「休学」して帰国して、必要に応じて広島大学に戻って博士課程に進むことを勧められたことです。片岡先生への感謝の気持ちをどう表現すればいいのかわかりませんでした。今でもそのことを思い出すたびに胸が熱くなります。

片岡先生が予想していたように、仕事の環境が急に悪くなり、一九九〇年一一月に広島大学に復帰しました。四年前に中断した博士課程を広島大学で続けるつもりだったのですが、広島に来てふと、大学によって教授によっての研究分野や研究スタイルが違うことを知りたいと思いました。私は、片岡先生が東大の天野郁夫教授と親しいことを知っていたので、世間知らずではあったが不安な気持ちで、私を推薦してくれないかと相談しました。しかし口に出した途端、これは明らかに失礼なことだと気付きました。ところが、片岡先生は東大に行く動機や研究の考えを詳しく聞いた後、快く応援し、熱心に推薦状を書いてくれました。その後、面接（天野郁夫先生と藤田英典先生）を経て、東大教育学部に入学するチャンスを得ました。

そこで、片岡先生の包容力と期待を持って、東大に行きました。しかし、その後しばらくして、勤務環境を極端に悪化させていた障害がほとんどなくなったため、母校の校長自らが関係者を通じて、母校に戻ってほしいと希望を伝えてきました。私は、このときに教育や科学研究で地道なことをしたいという強い思いに気づき、博士をあきらめて一九九一年五月に母校に戻りました。今回も片岡先生は、私の選択を尊重し、自分の国にもっと貢献してほしいと言ってくれました。今でもそのことを思い出すたびに、後ろめたさと感謝の気持ちがこみ上げてきます。

再び帰国してから丸三十年、片岡先生の期待を忘れずに頑張ってきました。学級の社会学、授業の社会学、カリキュラムの社会学、中国教育改革の社会学、教育改革と発展のための社会的支援システムなどの研究を進めてきました。出版された本には『教育社会学』、『授業の社会学』（共著）、『課程の社会学研究』（共著）、『教育改革における「中国問題」』、『教育改革への社会的支援』（合）などの学術著作や『教育の背後に向かって』、『教師の再発見』、『大学の再発見』などの教育講演録や教育エッセイ集の『巨匠らが今日もし教師になっていれば』があります。そして、『教育社会学』、『現代教育社会学研究』、『社会学的視野での教育』、『中国の教育改革に関する社会学的研究』などの四セットのシリーズを編集しました。片岡先生の教えには実績で報いるしかないと思います。

この短い文章をもって、私の恩師片岡先生を偲び、片岡先生の在天を祈ります。

（南京師範大学教授）

21　片岡先生の思い出

賀　暁星

中国政府国費留学生として広島大学教育学部に入学したのが、昭和五七年（一九八二年）のことである。語学に不得意な私は、日本語の習得に悪戦苦闘の連続だった。授業の内容は半分以上わからなかったし、自分の考えや専門的な議論も思うが儘に表現できない。こんな私の教育社会学研究室入りを、先生は快諾してくださったのである。院に入ってから中国帰国（一九九三年）まで、ずっと先生のご指導のもとで勉強させていただいた。潜在的カリキュラムとしての学校建築空間の研究で学位も取らせていただいた。広大留学にあたって、先生に大変お世話になった御恩は忘れられない。思い出の数々、昨日のように目の前に浮かぶ。一つを記して先生への哀悼の意とさせていただきたい。

一九八八年に先生は中国をご訪問され、南京大学、北京師範大学、陝西師範大学(西安)で、学級社会学をテーマにご講義された。たいへん好評を得、のちに放送大学シリーズの『教室と指導』が『班級社会学』という中国名で翻訳まで出された。中国における教育学研究者たちや小中学校の現場の教師たちに、多大な影響を及ぼしたのである。ご講義ではわたしが通訳を担当した。広大落語サークルの顧問も兼任していた先生は、とにかく話がお上手で、ご講義の際、よく冗談を飛ばし、なごやかな雰囲気を醸し出す。しかし通訳の私にとってはこれはたいへん困る。日常的な表現はまだいいが、冗談を言われると、どう訳せばいいかわからない。意味を一応訳しても聴衆には落ちが通じないから笑ってくれない。ところが当時、私の通訳は、表ではたいへん効果があった。皆さんが関心して笑ってくれたのである。これに満足した先生は、私の通訳力をとても不思議に感じられていた。ずっと後のことだが、ある飲み会で、日本を離れる前の私にご自分の疑問をぶつけられた。どうしてあんなに通訳がうまくできたのかと。いや、うまくできたわけではありません。冗談は訳せない。わたしはただ、先生のおっしゃる意味を一応訳した。落ちは通じないとわかって、最後には必ず「とにかくいまは日本の教授は冗談を言われました。皆さん、笑ってください」と一言付け加える。それで効果があった、と答えた。答えた途端、先生は爆笑した。心の底から湧き出した正真正銘の笑いであった。先生のあの時の笑顔は、一生心に刻む風景となった。

学問はロゴスの世界であるが、先生はしかし自分の研究において、笑い、悲しみ、怒りなどの感情を決して疎かにしない。むしろ感情を大事にした上での学術研究を腐心するのであるし、私もこういう学問からいろいろ教わったのである。文芸の教育社会学の範疇に入る、古典大衆芸能にみる親子像の研究が、学術的価値が一体どこにあるのか、今になってようやく、私は認識できるようになった気がする。学問にとって、感情の尊さを知り尽くし、そして自分の研究実践や講義に貫徹しようとしたのが先生である。心からの正真正銘の笑いができなければ、文芸の教育社会学の先端を走ることは、まず望めないであろう。

片岡先生に、心から学恩の感謝を申し上げるとともに、ご冥福をお祈りいたします。

（南京大学社会学院教授）

22　片岡徳雄先生の思い出

安東由則

私が広島大学の修士課程に入学したのは、一九八六年のことであった。大学時代は他大学で文化人類学を専攻し、卒業後ほんの少しの社会人経験を経て、畑違いの（教育学ではなく）教育社会学を学ぼうと方向転換したのである。モラトリアムの延長のように、それほど明確な目標や研究テーマをもたないまま受験したように思う。今思うと恥ずかしいのだが、誰からの紹介もなしに突然受験し、広島大学の伝統も片岡先生の業績も余り知らないまま研究室の一員となった。

教育社会学研究室も大きな節目を迎えていた。一九八五年三月、長年にわたり牽引してこられた新堀通也先生が退官され、一九八六年に山崎博敏先生が着任して新体制が始まったところであった。これまでの〝広大教社〟（末吉先生の小集団学習、新堀先生の高等教育や教育病理の研究）の伝統を引き継ぎつつ、どう研究室の舵取りをしていくか、引き継がれた片岡先生のプレッシャーは大きかったであろう。そんなところに、教育学の基礎もできていない、能天気な男がやってきて、研究テーマが定まらないまま五年間居座った（おまけにＤ１から最上級生）。そこに、東広島へのキャンパス移転、先生の学部長就任も重なった。心労の多い中、煮え切らない学生の指導にさぞかし手を焼かれイライラされたことであろう。先生は今の私の年齢より若く、辛抱強かった。

研究に関して、片岡先生は現場主義、行動派の人。私が修士論文のテーマを相談した際にも、すぐにテーマに造詣の深い新聞記者に連絡し、話を聞く段取りを組んでいただいた。それを手掛かりに現場に入ることを期待されたようだ（期待にはそえなかった）。息も絶え絶えに大学院を出て、新たなテーマ（運動会や制服の歴史）の論文を見てもらうと、早く学校現場で調査を行い、学術論文を書き上げるよう発破をかけられた。「君らはいかんねぇ、もっと乗って書けんかね」とよく言われたのを覚えている。現場に身を置くことで、〝これ〟というポイントを見つけ、補助線を引くことで、整理がつき課題の解明につながる研究の醍醐味、好奇心をもって現場に没頭しないと見えてこないものがあることを、私たちに伝えようとしておられた。この年になって、先生の意図や悩みも分かるようにもなったが、そのスピリットをどれくらい引き継いでいるか、甚だ心許ない。先生の研究の一端に触れた研究者の一人として、少しでも次の世代に渡せればと思っている。

（武庫川女子大学教授）

23　学恩

髙旗浩志

『田のことは田の神に訊け』ということだ」。受話器を置いた片岡先生が微笑みながらそうおっしゃった。電話の相手は附属三原小学校のN先生であった。私の修士論文のための調査依頼を繋いでくださったのである。それまでの私は完全に文献頼みで籠もりがちであった。下宿と研究室より他に出ることが無かった。「田のことは田の神に訊け」。何気なくおっしゃったことであったが、私にはとてもありがたい後押しであった。いつも緊張する片岡先生の研究室で、ふと心が軽くなり、前向きな気持ちになれた。いまでも鮮明に憶えている。

残念ながら、私は遅れてきた世代である。研究室に所属した三年生が一九八九年、定年退官された一九九四年、私は博士後期課程二年生であった。この間、個集研の会長をお務めではあったが、既に先生の関心は「古典大衆芸能に見る親子像」にあり、研究室の共同研究も「文芸の教育社会学」であった。教育学部長としての激務も抱えておられた。怠慢な私が「授業の教育社会学者」としての片岡先生に学ぶのは、ずっとあとのこと。その膨大な著作を通してである。

学校教育は形式性と計画性を本質とする制度である。この枠組を前提に学習指導を実質化する必要がある。意思に反して集められた子どもたちを、単なる「群集」として扱うのではなく、ともに高め合う学習集団へと育む教師の指導性が求められる。その指導性は学習者の学習経験を推測し、把握し、同時に教える側の必要と必然を丁寧にあてがうものでなければならない。この指導性のありようを探究するには、「学校での学習は人間関係に基づく社会過程・集団過程である」という視点が必要である。その研究を通して、片岡先生から数々の言葉が生み出された。それらは「授業の教育社会学」の専門用語となったばかりではなく、実践現場に届き、時に政策の基盤となった。よりよい授業を創り、よりよい学習集団を創ろうとする人々の感情にも根ざしていた。たとえば次のような言葉である。

自発性・自律性・主体性から成る「自主性」、学習集団づくりの技術（しくみづくり・よりどころづくり・ねうちづくり）、生産的思考：あつめる（発散的）・まとめる（収束的）・もとめる（収斂的）と再生産的思考：おぼえる（記憶）・なれる（練習）・みかえす（反省・検討）、支持的風土と防衛的風土、一人一役・全員参加・輪番制、課題達成に係る内容的満足：よくわかる（認識）・うまくできる（技能）・よくなる（道徳・態度）と集団参加に係る形式的満足：たのしい（解放感）・やくにたつ（奉仕）・みとめられる（承認）等々。

『授業の人間関係』は「理論と実践を結ぶ教育叢書」の第五巻として黎明書房から一九六三年に刊行された。約四〇〇頁の単著は「Ⅰ　観察――発想」、「Ⅱ　実践――集団学習入門」、「Ⅲ　授業の集団社会学序説」の三部構成である。このうち「Ⅱ　実践――集団学習入門」は、片岡先生ご自身が授業者となり、その仮説を実証すべくなされた小学五年生の算数、国語、社会科の実践記録である。大阪市南東の公立小学校で新年度から学級に入り、二ヶ月ほどの観察の後、六月半ばから断続的に教壇に立たれた。本文から察するに三〇時間近く授業をされたようだ。一〇月末の東京への異動が無ければ、三学期には理科も行う予定であったらしい。三〇代のはじめ頃だろうか。

片岡先生が教師として小学生の前に立ち、授業をされたという事実だけでも私には驚きだが、それ以上に驚いたことがある。片岡先生は、『教えるということ』で著名な大村はま先生の授業を見ておられた。年度当初の中一の国語を二時間観察され、事後にグループ学習について直接訊ね、その答えを詳述している。「他のことではただただ舌を巻く授業ぶりであったのに、かんじんのグループ学習では、噂ほどのものが形の上で見えなかったので、その点を、後でお尋ねした」とある（同書七三頁）。大村の答えは「グループ指導の段階がいる」というシンプルなものであった。年度当初は一時間にほんの三〜四分、隣の人の意見を聞き、自分の意見と合わせてまとめさせるだけにとどめる。「あなたの意見」を求めるのではなく、他人の意見と合わせて自分の意見を紡がせる。それが基礎になる。隣の子とできるようになれば、それを周辺の三〜四人に広げる。その小さな積み重ねがあって、ようやく二学期半ばに一時間の学習活動をグループに預けることができるようになる。グループ学習が効果を上げない、すぐに廃れるというのは、こういうステップを無視していきなり取り入れるからではないか、というのが大村の答えであった。

授業の成否は細部に宿る。片岡先生の眼がどのように授業を見つめ、メモを取り、授業者に問い、どのような実践知を引き出してこられたか、一度で良いからその場にご一緒させて頂きたかったと思う。遅まきながら、その欠落を埋めようとしている。ご冥福をお祈りします。

（岡山大学教授）

24　いまにいきる――恩讐？　のかなたに

伊藤一統

わたしは片岡先生に直接ご指導いただいた中では、最若輩といってよいのではないかと思います。わたしが広島大学に学部生として入学したときには、先生はすでに教育学部長でいらっしゃいました。偏差値至上主義真っただ中の世代にあって、広島大学のしかも教育学部教育学科がどのようなところであるかの知識もなしにその門をくぐった身でありまして、紀伊國屋書店で「片岡徳雄の本」なるコーナーがあることを見出して驚き、感動したこともありました。大学院に進学した時分には、先生の広島大学でのご勤務が最後の年でいらっしゃいました。ですので、大学院で直接のご指導をいただいた期間は一年と短く、また、その一年も退官記念行事と日本子ども社会学会設立に向けた喧騒の中でしたから、量的には諸先輩に比するとかなり少なかったはずなのですが、それでも私にとっては濃密で、いまだ忘れることのできない日々でありました。

東広島「銀亭」にて（平成６年）

そして、縁は異なもの。広大ご退官後、広島経済大学を経て、先生はご郷里高知の土佐女子短期大学の学長として赴任されましたが、その際に当方をお連れいただき、子弟という関係に加え、同じ組織の中で職務にあたるという機会をいただきました。土佐の地においても、教育界での先生のご高名は絶大で、そのお引き合わせで学校現場とのかかわりを多くいただきましたし、なにより、縁もゆかりもなかった土佐の地へいざなっていただいたことで、わたしにとって第二のふるさとともいうべき地をいただくこととなりました。

彼の地は低学力など、教育面での問題を多く抱える土地柄でありました。その土佐の地がご郷里というこ

高知「土佐料理　土佐っ子」にて（平成11年）

ともあって、「土佐の教育改革を考える会」はじめ、「県立高校教育問題検討委員会」、「こうちの子育てを語る会」などの委員として、高知の教育問題に精力的に取り組まれておられました。教員研修でのご講演など学校現場の先生方への指導にも携わられ、中でも高知の個集研の活動の活性化には多大な尽力をされ、こちらは全国大会を高知で開くに至りました。加えて尚志会のネットワークを通じての働きかけなど、大変難しい中で教育の向上に様々にご尽力されていたご様子でした。

また、県出版文化賞選考委員長を務められる一方で、高知新聞紙上への「本読む子ども」と題した文章の執筆連載は好評のうちに三八回に及び、これをまとめて『いま、子どもと本を楽しもう』という書籍が編まれたことは、書に親しまれ、文筆の達者な先生らしいご活躍でもありました。

しかし、そんな中でも、設置から三年しかたっていない新設の私立の短大での舵取りということについては他にまさる相当なご苦労があったに違いありません。高等教育機関の極めて少ない土佐の地にあって、貴重な存在であるはずの短大であったのですが、こと、十分な体制のない私学の高等教育機関の運営ということについては筆舌に尽くしがたい困難があります。私自身、今もその難しさを多分に感じるところです。当時、職を得たばかりの若輩で、直球勝負ばかりしていたわが身のこと、かなりご心配をおかけしたことかと思い

「好きこそは、ものの上手」好きなことをする時は、ほっといても、心や体が自然に動き、君はさらにさらに大きくなる。

ところが一方「食わず嫌いは、一生の損」ともいう。 初めはいやでも、 やっているうちに、いつの間にか好きになり、思いもかけぬ新しい君が現れる。

未来は、君自身の手の中に！

いらっしゃい！

私たちは、君の未来―職業と人生―の建設のために、懸命に力をつくそう。

土佐女子短期大学長
片岡 徳雄

Profile
教育学博士・教育社会学
元広島大学教育学部長
広島大学名誉教授
日本子ども社会学会長

土佐女子短期大学大学案内（平成９年）より

ます。それでも、強い反対にあった学園祭の初開催の実現に後押しいただいたり、いまでこそ珍しくはないことではありますが、はらたいらさんなどの客員教員をそろえた科目を置くなど豊かな教養教育を整えるよう尽力されたり、また改組を模索して文部省を訪問されたり、と学長としても精力的に行動されておられました。一九九八年、高知豪雨災害の時には水深が二メートルほどにまでなって甚大な被害を被ったキャンパスにあって、水が引いてすぐ、泥土の積もった体育館で、ポロシャツ、ハーフパンツに長靴姿で清掃活動にあたられていた姿も忘れられません。改組の関係で文部省へご一緒したときには、官庁街の蕎麦屋でごちそうになりましたが、片岡先生と二人で、ということに緊張してしまって、どこであったかも覚えがないままで、美味であったことのみ記憶にあります。

　後年、一切の職を辞され、また、私自身も土佐の地を離れたことで書面以上のやり取りがなかったことは残念至極です。また、若輩であったこともあり、十分に大学運営についてお力になれなかったことは今でも悔やまれます。

今の自分は、先生あっての賜物ということは間違いありません。それがよかったのか悪かったのかは自身がキャリアを終えるまで分からないことかもしれません。いろいろな記憶の中で、どちらかというと強面の先生の顔の方が多く浮かぶのも確かです。そんなわけで、「恩讐?のかなたに」などとふざけた副題をつけさせていただきましたが、今の自分が、先生のご指導とご周旋なくしてはあり得なかったのは紛れもない事実です。

改めてここに恩師への感謝の意を表す次第です。


(宇部フロンティア大学短期大学部教授)

1　片岡徳雄先生を偲ぶ

古賀一博

片岡先生との最初の出会いは、昭和五〇年四月の入学式後学部オリエンテーションであった。我々入学年次（五〇生）のチューターであった先生から、どういうわけかクラスの雑用係を仰せつかった小生は、その後卒業までの四年間、そして卒業後も「教教五〇同期生」の同窓会等のお世話を担当することとなった。

学部時代の先生との思い出は、枚挙にいとまがないが、二つ紹介するとすれば、一つは、先生から頂戴した「ご厚志」（学生コンパに際しての）を、記載通りに「寸志」と紹介したため厳しく叱責を受けたことである。学部学生の若気の至りとはいえ、教養のなさを露呈し、恥ずかしい限りであった。もう一つは、学部三年生の折、先生とご一緒に同期生有志と南九州旅行を決行できたことである。

その際、先生のご尽力で現地の校長先生（片岡先生のお知り合い）から懇切丁寧なご指導を頂戴できたことは大変な収穫であった。

大学院へ進学後は、教育行財政学研究室に所属したため、先生からのご指導は相対的に減少したものの、先生ご自身の同期生であった上原貞雄先生が主指導教官であったため、何かにつけて片岡先生からも気軽にお声がけをいただいていた。特に博士論文の執筆に際しては、大変な激励をいただき、そのお陰で論文の完成をみたと言っても過言ではない。現在でも最大の学恩と衷心より感謝している。

ご縁があって、複数の大学で勤務後、母校で教鞭を取ることとなった際も、先生からは大変な励ましを頂戴し、どうにか定年まで校務を完遂することができた。

これもひとえに先生のお陰である。

また、先生には、就職後も同期生での同窓会にご参加いただいた。恐る恐る参加の諾否を尋ねると、即答で快諾いただき、先生のお人柄を痛感した。お亡くなりになった年度にも同窓会を開いたが、さすがにご病気の先生にご出席をお願いすることもできず、同期生のみの会で終わったことは誠に心残りであった。

学部時代から長きにわたり、片岡徳雄先生からは筆舌に尽くし難い御恩を頂戴してきた。

先生のご逝去の報を受け、まさに哀痛の極みである。ここに謹んで先生のご冥福を祈りたい。


（福山平成大学教授・広島大学名誉教授）

2　片岡先生の思い出

堺　正之

一九七五（昭和五〇）年に広島大学教育学部教育学科に入学し、以来、研究生の一年、助手の一年を含めて一〇年間を東千田町キャンパスで過ごしました。片岡徳雄先生からは同学年（五〇生）のチューターとして入学直後よりご指導いただきました。私はのちに研究の道を選び、教育哲学、また道徳教育を専攻して今日に至りますが、片岡先生からいただいたお教えはかけがえのないものであったと感謝しております。

先生には学部一年時の勉強会、二年時春休みの九州旅行など、卒業論文指導教官が決まるまでの二年間は特にお世話になりました。全国各地から進学してきた五〇生が広島大学の気風になじめるよう、ご配慮くださったものと思います。そして、この二年間にあったいくつかの出来事を通して、私の中に現在も残る片岡先生像が形づくられていきました。

・若者は逸脱する

片岡先生はご自身も仰っていたように「新制一期」であり、私としてはその姿を自身の父親と重ねて見てしまうところがありました。当時はその理由を単に親と同年代であることだと思っていたのですが、現在の職に就いてからは、それ以上に片岡先生の私たちに対する接し方にあったのだと考えるようになりました。五〇生（もちろん私を含めて）は、後の語り草となるような事件をいくつも起こしては先生にご迷惑をおかけしたのですが、そのつど新たな教えをいただいた上で許していただきました。そんなあるとき、先生が口にされた言葉が「若者は逸脱する」です。「いつの時代も若者とはそういうものだ」と。しかし「他者がその場にいづらくなるような言動は慎むように」とも強調されました。

先生は、私たちが未熟でも自分の頭で考えて行動することを止めたりはしませんでした。それ以前の世代の先生方との違いを意識しながら接してくださったのかもしれません。上記の九州旅行の車中、隣席に座られた先生は私に「君は自己規制するね」と言われたくらいです。なぜそのようになったのか、まずその原因を突き詰めて考えてみるように勧められたのだと思います。ありがたい言葉だと感謝するとともに、「そのような学生への接し方が今の君にできているかね」と、いつも問いかけられているような気がします。

・蒟蒻問答

当時の東千田町キャンパスには共通講義棟というものがなかったせいで、教育学部の教室が塞がっているときには他学部の教室を使用することもありました。片岡先生の「教育社会学」を受講したのは、総合科学部のこぢんまりした教室であったと思います。

ある日の授業で、おそらく「非言語的コミュニケーション」について説明されていたのでしょう、片岡先生はいきなり落語のひとこまを演じ始めたのです。勝手な誤解がテーマの「蒟蒻問答」を。永平寺からやってきた旅僧が仕掛ける禅問答に、和尚になりすました蒟蒻屋の主人が「無言の行」（と旅僧が勝手に解釈した）で応じる見せ場を、先生は身振り、手振りに、あの表情で（片岡先生のお顔を思い浮かべてください）。そこに「うんー」という声にならない唸りまで加わるものですから、私などは講義の文脈そっちのけでその世界に引きずり込まれてしまいました。ただ正直に言うと、この落語のオチを理解したのはしばらく後のこと。さらに、先生が文芸の世界をも研究対象にしておられたのを知ったのは、院生になってからです。

一九八八（昭和六三）年一〇月から現在の福岡教育大学に勤務するようになりました。片岡先生には本学附属小学校の研究発表会における記念講演の講師として、土佐女子短期大学学長としてのお忙しい仕事の合間を縫って足を運んでいただいたこともあります。そこで、懐かしい「片岡ぶし」を拝聴しました。いまでは大学の授業や種々の講演会で講師よりもスクリーンを見ている時間の方が長い時代となってしまいましたが、片岡先生は学生、聴衆の視線を一身に集めて語るスタイルがよく似合う方でした。

（九州女子大学教授・福岡教育大学名誉教授）

1　先生の人柄

野本　翼（新潟県）

片岡徳雄先生がご逝去され、もう一年が過ぎました。改めて心より御悔み申し上げます。年賀状交換が三、四年前から途切れ「どうされたのかなあ〜」と心配していた矢先の事でした。

先生と私達、新潟県集団学習研究協議会の面識が始まったのは、新潟市に集団学習の気運が高まってきた昭和四十八年頃かと思います。集団学習の研究会に先生を指導者としてお招きした頃です。その後、私は会の事務局長として、役目がら先生と電話や書簡で意思疎通を図る関係になりました。

私は、昭和五十七年十月から昭和五十八年三月までの六ヵ月間、当時全国集団学習研究協議会の副会長であられた先生の下で直接御指導を受けるため、広島大学教育学部に内地留学をすることになり、先生のいらっしゃる教育社会学研究室の門をたたきました。私三十八歳の時でした。

忘れもしません。初めて出勤登校した十月一日、広大で日本教育社会学会の発表大会が開かれ、臨時会員として参加しました。後日、先生から感想を聞かれ「言葉が理解できませんでした。それにそんなテーマが現場にどう響くのかと思いました」と感想を述べると「良いところに気付きました。六ヵ月の成果を報告書にまとめる時に、研究内容は、空論的にならないように現場実践の問題に焦点を定め、しかも、なるべく誰にも分かるコトバで理論をまとめ、観察や実践をまとめたものでありたいですネ」と指針を与えて下さいました。うれしかったです。

先生があらかじめ探して下さった下宿先からの通学が始まりました。片岡先生の教官室の自由な出入りも許され、必要な本を持ち出して研究に勤しみました。それこそ「ゆとりと充実」を地でいき、私のこれまでの生涯で一番充実した六ヵ月だったと思います。

宿のおかみさんが先生のファンであることを知り、色々な面で助かりました。

内地留学中一番の思い出は、二人で、先生の指導されていた広島県下のあちこちの実践発表校に小旅行したことでした。吉舎中学校。瀬戸内海の小島、豊浜中学校。世羅町五津久志小学校。三原小学校。古田小学校等です。往復の車中の会話程充実したものはありませんでした。会話を通して、先生の人柄にふれたことも大きな収穫でした。

ある小旅行の帰りの車中での会話です。「集団学習とは？」の中で、先生から「人間と人間の信頼を、教育において育て、また、それによって教育を進めてゆく、そのような教育の原点を、理論化しようとしたものです」。心が洗われる思いでした。イコール班学習ではないのですネ。

訪問先で厚遇も受けました。山深い訪問校でいただいた「松たけ」を先生が、「これ新潟の奥さんに送ってやりなさい」その心遣いが――。

一対一の個人指導では、先生の自宅に招かれました。先生の豊富な資料に基づく講義と具体的実践方法にあっけにとられました。その後、夕食をいただきました。奥様、いろいろ気遣っていただきありがとうございました。

ある日、先生に「野本さん、あまり根詰めるとマイルヨ。来週、院生と広島市民球場で息抜きをしましょう」と誘っていただきました。バックネット裏の一等席で一杯やりながらの院生との会話と見学でした。その後、院生とは、飲みに行く関係になりました。今でも、村上光朗先生、藤村先生、元全集研・倉田侃司事務局長、元文科省道徳調査官、押谷由夫先生、そして片岡先生と同期生の故山崎先生等と年賀状の交換や交流をさせていただいています。内地留学後の私の人生を刺激し、豊かにして下さいました。このように多くの方々に支えられた、教師生活でした。これも片岡先生が仲を取り持って下さった賜物です。

無事、内留を終えて、先生の関係する出版、書籍の分担執筆に加わり「仲間づくりと授業」二巻（黎明書房刊）他七冊等に参加。きっと先生の後押しが働いたことでしょう。

内留終了八年後の平成三年八月、新潟県集団学習研究協議会は全国大会を、新潟市で全国の多くの参加者を得て開催しました。私はすでに事務局長を引退し、離島での勤務でしたので、深く関われなかったのですが、あの広大での内留で得たものを後輩に伝え、成功に導くことが片岡先生に恩返しをするチャンスととらえました。大会終了後、先生から「よい新潟大会だったヨ」とお誉めの言葉をいただいた時、感涙にむせびました。片岡先生に師事して良かった――と。

今年で内留から三十八年、退職してから十五年の歳月が流れました。そして七十五歳になりました。現役の頃、先生がある講演会で話された「一人ひとりの生徒を育てる教師像」は、

・あたたかさ……相手をかかえこむ、ふところの深さ
・細かさ……相手の良いところを見ぬく細かい目
・明るさ……他人からみても、自分からみても心が誠実
・自分に厳しく……子どもが成長するから、自分も成長しなければならぬを自らに課せて教師生活を送ってきました。

先生が私の広大離任にあたり、贈ってくださった色紙『弁而不争』が私の部屋で三十八年間、私をじっと見つめています。

合　掌

2　小集団学習の成果

末重文夫（広島県）

当時、広島の教育現場は日教組の天下で、特に県東部や県西部の両端は激しく、日教組に逆らったり、与しないために自殺に追い込まれる者が何人も出た。小学校では吉本　均先生の集団学習が日教組でもてはやされていた。それというのも、現場で吉本夫人が大いに成果を上げておられたからである。私はそれには納得いかないでいた時、片岡先生の集団学習に出合い、のめり込んでいったのである。誰もが明るく、生き生き、楽しく活動して、嬉しくなる。その成果を紹介しよう。

（一）

五年担任となり新学期が始まった。四年担任からは何も引継ぎが無かったのでホッとして学級へ向かった。皆、緊張した面持ちで私を見ている教室へ入って行く。「私が受持ちの末重です。」と、挨拶を始めたら、中央部に居たT君の目つきが異常に変わってきた。するとK君が「先生、癲癇《てんかん》じゃあ。」と大声で教えてくれた。慌てて抱き抱えて保健室へと走った。保健の先生は慣れた手つきで、ガーゼを棒に巻きつけ、T君にくわえさせ、「末重先生、T君は毎週発作をおこすから、教室に短い棒きれとガーゼか布を用意しといて下さい。」と言われた。T君を保健室に残し、（やれやれ）と思いながら教室へ急いだ。集団学習を始めたら、T君は生き生きと楽しそうに活動し、卒業するまで発作を一度も起こさなかった。

（二）

引継ぎ児童のない五年だが用心しながら教室に向かった。皆の顔を観察しながら話していたら、後ろのH君が低い姿勢になりながら教室を出て行くではないか。途端にO君が「先生、僕が追いかける係です!!」と、席を立ちかけるので座らせ、私が追いかけた。長い廊下から階段を下りかけて後ろを振り向いたH君はドキッとした表情になった。私がすぐ後ろに居るではないか。一緒に教室に戻り、なぜ教室を出るのか。一年の簡単な問題で八十点がやっと。それでも「八十点だぞ。」と他の組へ宣伝して歩く。図画も一筆がやっと。ある時、写生大会で消防自動車らしき物を赤く塗ったので廊下に張り出すと「これは僕の絵だぞ。」と自慢する。それから集団学習への参加は積極的になった。

医者でも治せない病が集団学習の力で治り、H君は今は有名な料亭の料理長として活躍している。H君をここまで変えたのは、まさしく集団学習の力なのである。

3 先生の思い出

中山澄子（山口県）

片岡先生の講義との出会いにより導かれた幸運な「めぐり合わせ」は、私の人生のいくつかの大きな節目において、私自身の「志」「根っこの部分」をかたちづくってくれたのだと実感しています。教職を通じての自分の生きてきた時間だけでなく、職を退いてからの時間においても、人生の「道標」とも言えるものを示していただいているように思います。

今から四九年前、昭和四七年、山口県の小学校教員として採用された私は、夏休みに行われた県の新規採用教員研修会において、その頃、助教授でいらした片岡先生のご講義をお聞きする機会を得ました。学級集団というものを捉える新たな視座を提示されたことに驚きと戸惑いを覚えるだけで、実践に移すだけの力量はありませんでした。

ところが、昭和五四年、二校目の学校において、校内研修の指導者として一年間を通してご教示いただいたのが、相原次男先生でした。その時、相原先生に紹介された昭和五〇年出版の『集団主義教育の批判』が片岡先生との二度目の出会いです。未熟な私は、この書物の半分も理解することは叶わなかったのですが、片岡先生の講義を聴いた昭和四七年という年は、先生が研究室の若い方たちと高い志に向け、熱い研鑽の日々を送っておられる真っ只中であったということが、私にもしっかり伝わってきたのを今でも憶えています。さらに、この時に、末吉悌次先生の「講座　集団学習」も紹介していただき、仕事と家事、子育ての短い合間をさがして読み浸ったのでした。

そのすぐ後、昭和五六年に、山口県集団学習研究会の発足となります。ありがたいことに、五七年の第九回全国集団学習研究大会山口大会において、発表者という役をいただけることになりました。その際、一〇年ぶりに片岡先生のお姿を拝見することができたのです。

この前後から、「個と集団」に関わるいくつかの書物との出会いがありました。話し合い活動について、「表現」とは何か、日本的集団主義、かかわりの教育学などのテーマについて、「個性とは何か」という言葉が声高に叫ばれるようになった時代の中で、私自身の学びへの意欲が急激に高まっていきました。また、山口個集研での若い先生方の研修の機会は、刺激をいただく貴重な学びの場となりました。後に、全集研の山口大会で片岡先生と直接お話しできる機会も得ることがあり、温かなお人柄に直にふれさせていただいた時のよろこびは、忘れることができません。

昭和の終わりから平成にかけ、研修主任として校内研修を進めていくことになりましたが、この時代に私を支えてくれた言葉が二つあります。その一つは、末吉先生の全国大会に寄せられた挨拶文の中にあった「我々が戒めたいことは、一種の固定観念の中に安住することであります。……学習の主体化も、できあがってしまった存在物ではなく、不断に追求されるべき課題だからであります。」というものです。もう一つは、片岡先生が言われていた「理念を人格化する」という言葉です。この言葉は、私にとっての生涯の目標となりました。研修主任として、一人一人の先生方の「よさ」を価値付けることに心を砕いていく作業に、私自身を向かわせることになったのです。さらに、立場は変わってもこの姿勢は持ち続けようと努めてきました。

その後、家の都合により三年早く退職しましたが、幸せにも、夫の再就職の仕事との関連から、幼稚園教育に関わらせていただく時間を時折持つようになりました。そこで再度、片岡先生の著書をひもとくことになったのです。「遊び」の徹底、「文化」というキーワード、「子どもの感性」を育てる……。三〇年前、四〇年前に出会ったキーワードが、今なお、色あせないのだということに、強いよろこびと確信を抱くことになりました。

さらに、幼児教育のあり方について、自分なりに学んでいく中で、自分と同時代の鷲田清一、内田樹さんたちの書物にふれることによって、自分が教えられなかった、あるいは怠慢のせいで自分が深く学んでこなかった、日本の戦前、戦後の歴史に関心をもつようになりました。そこで改めて、昭和四五年から五五年頃の「班長、核」の集団主義教育が席巻している時代の中で、末吉先生、片岡先生が歩んでこられた「闘い」とも言える道のりの困難さを、私なりに理解できるようになりました。四〇年前、「全集研の経過と現状と主張」が書かれた文章の最後の部分にある「民主主義教育の推進のために」という文言の重みが、やっと腑に落ちた次第です。

今、片岡先生が、教育界での新たな流れを創られたことの偉大さと、その流れを間近で見続け、ある時には、その流れのほんのひと掬いの水を味わわせていただけたことの幸運を、強くかみしめています。

4 「愛集研」と片岡徳雄先生

宇都宮正男・窪田博継・遠藤敏朗（愛媛県）

愛媛集団学習研究協議会（愛集研）は、全国集団学習研究協議会発足の翌年、昭和五〇年に設立されました。二〇二五年に、設立五〇年を迎えます。毎年の学習会に加えて、過去四回全国大会を開催しました。大学の研究者と現場の教員が学び合う愛媛の民間教育シンクタンクとして貢献しています。片岡徳雄先生を中心とする「集団主義教育の批判」（昭和五〇年）が原点となり、片岡先生と共に研究した讃岐幸治先生が発展させ、太田佳光先生が組織を拡大させていきました。以下、三人の事務局長の回想録を紹介します。

〈回想録1〉

昭和四九年一一月一日・二日に「第一回全国集団学習研究協議会」（現個を生かし集団を育てる学習研究

協議会）が徳島県美馬郡半田小学校で開催されました。当時附属小学校に勤務していた関係で、愛媛大学教育学部に赴任されたばかりの讃岐幸治先生に誘われて参加いたしました。

第一回全国集団学習研究協議会要項の巻頭に当時指導者の中心的存在であった広島大学助教授の片岡徳雄先生が「集団学習の今日的意義」と題して次のように書いておられます。

「これまでの集団学習に関する様々な努力は、要するに、日本の教育における民主的な人間と集団の形成という問題にかかわる。ここでいう民主的とは、まずなによりも主体的に物事に取り組み、仲間を尊重し、ともに協力し、そしてなお、自らは自由で、その限りにいて個性的でありうる人間である。そういう人間を育てる集団である。それは断じて、個人至上主義の意味における「個人主義」とも、集団至上主義の意味における「集団主義」とも異なる。」

このような考え方のもとに大学と教育現場が連携して開催された研究会には全国から多くの先生方が参加され、教育の新しい方向性について熱心な協議がなされました。

そのような先生方の意欲と熱気に触発されて、愛媛県でも「集団学習」に関する研究を始めてみようということになり発足したのが、「愛媛集団学習研究協議会」（愛集研）です。

当初は、月に一回会員が自分たちの実践を持ち寄り、讃岐幸治・南本長穂先生のご指導を頂きながら長時間にわたって忌憚のない話し合いを行っていました。

一年ほど経ったころ、讃岐幸治先生からこれまでの実践記録を書籍にまとめてはどうかというご提案をいただき、出版したのが、『疎外から集団参加へ』（讃岐幸治編著、黎明書房）です。その後、会員の関心が「学級づくり」から「授業と集団学習」へと進展し、教育実践の成果としてまとめたのが、『個を生かす授業をめざして――九つの実践的手法――』（讃岐幸治編著、黎明書房）です。

このような実践的研究を踏まえて、昭和五四年八月に第六回全国集団学習研究協議会・松山大会をホテル奥道後で開催いたしました。奥道後を会場に選んだのは、当時一〇〇〇人近い参加者の全体会場と分科会場を同時に確保できる会館等が無かったからです。

分科会は、幼児教育部会、小学校低・中・高学年部会、中学校部会、特別活動部会、生涯教育部会の一一部会でした。分科会は一三時一〇分～一六時三〇分の間でしたが、どの分科会も時間が足りないほど熱心な研究協議が行われていた記憶があります。その夜の「実践を語る会」（懇親会）にも多くの先生方が参加してくださり、夜遅くまで熱気のある交流が行われていたことを懐かしく思い出します。大会二日目は、「地域に根ざしたゆとりある充実した教育」というテーマでのシンポジウムと「学歴社会の教育と自己実現の教育」という主題で、片岡徳雄先生のご講演がありました。

第六回全国集団学習研究協議会・松山大会は、大盛会でした。これは会員の努力だけでなし得たものでは決してありません。愛媛の教育界に集団学習の中核的理念である「支持的な風土」があったからではないかと思います。


（初代事務局長　宇都宮正男）

〈回想録2〉

愛集研草創期、事務局長としてお世話させていただきながら、片岡徳雄先生・讃岐幸治先生、村上伸一先生・宇都宮正男先生などの先輩方から理論を学び、拙い実践を指導していただきながら研究を行いました。特に、片岡先生と一緒に広島大学で研究されていた讃岐先生が、愛媛大学に来られて、片岡理論を愛媛に導入して広めた結果、それまでの集団活動や学習の在り方が一変した記憶が鮮明に残っています。なぜなら、当時の書店には、ピラミッド型の集団づくりの理論と実践の本だけが並んでいたからです。

片岡先生には、ご著書『個を生かす集団づくり』やご講演を通して学ばせていただき、先生の穏やかな表情、物静かで分かりやすいご講演は、四〇年以上経過しても心に残っています。

別府で開催された全国大会でお世話させていただいたり、奥道後で開催した全国大会で頭に包帯を巻きながら発表させていただいたり、その後、讃岐幸治編著『疎外から集団参加』で執筆をさせていただいたことなどはすべて、片岡先生そして、讃岐先生のご指導の賜であり、今もなお、このお二人は愛媛の恩人だと考えております。

優しく語りかけてくださった片岡先生のお姿は、今も目に焼き付いております。

（第二代事務局長　窪田博継）

〈回想録3〉

片岡先生の「フーテンの寅さん」のネタを使った講演に魅了されたのは、平成元年の徳島大会でした。大学の先生の講演がこれほど私の心に響くとは思いもしませんでした。以来、片岡先生の書かれた本を読み込んでいきました。片岡先生の原点である『集団主義教育の批判』（黎明書房、一九七五）からスタートし、『個性と教育』（小学館、一九九四）、『個性を開く教育』（黎明書房、一九九六）、『心を育て感性を生かす』（黎明書房、一九九八）……と読ませていただき、片岡先生と高旗正人先生が監修された「子どもの個性を開くストラテジー」（黎明書房、一九九七）では、小学校編で執筆もさせていただきました。講演同様、分かりやすく実践で行き詰まっていた小学校教師であった私にとって、教育実践の面白さを再発見させてくれたことを思い出します。

私自身は、三七年間の小学校教員時代には、特別活動をベースに個を生かす集団づくりに没頭してきました。全国大会には、常連として参加して、三回の愛媛大会は運営側で関わり、志を同じくする友と出会いました。支持的風土、全員参加、一人一役、容認・支援……今も、輝いています。現在、愛媛大学教職大学院で実務家教員として勤務していますが、研究室の本棚には、片岡徳雄先生の本が並んでいます。そして、授業では、最新情報と共に、今も新しい片岡理論を紹介しています。

先生とお話しさせていただいたのは、平成一一年の高知大会のときです。事務局長をしていた私は、翌年の愛媛大会へのバトンタッチを兼ねて、「実践を語る夕べ」に参加しました。「来年の愛媛大会の盛会を祈っています。」と優しく話しかけてくださいました。寅さんのように、周りを包み込む温かいお人柄を感じたのを覚えています。翌年の愛媛大会には、体調を崩されて、来られませんでしたが、直筆でお礼状を送ってくださいました。今も、私の書斎に大切に保管しています。

コロナ禍において、改めて集団の意味を考える時間を得ています。第一回大会の片岡先生の巻頭言の意味を噛みしめています。時代は変わっても、教育は、個と集団で考えないといけないということを……。片岡先生、有り難うございました。

（第十一代会長・愛媛大学教授　遠藤敏朗）

5　教師生活の心の支えであった片岡徳雄先生

小嶋一郎（佐賀県）

昨年の正月、片岡徳雄先生の年賀状が届かなかった。近年高齢者の年賀状辞退の傾向があり、先生もやはりそうなのかとあまり気にもとめていなかった。ところが昨年末になって先生は昨年二月に亡くなられていたという知らせがあり、驚いた。昨年正月にはすでに病床にあられたのである。

片岡先生と私の最初の出会いは昭和五四年、私が佐賀県教育センターに在職中、担当する「教育経営」の講座に講義をお願いしたときに始まる。広島から遠隔地の佐賀まで何度も足をお運びいただき、「支持的風土」の集団づくり論をその都度お聞かせくださった。

当時の佐賀県内では中学校を中心に「点検、追及、リコール」の生徒会活動や学級会活動が幅を利かせていた時代である。しかし、片岡先生の講義は都度都度受講者の心を強く動かし、「教育経営」の講座への参加者が急増したことを覚えている。

もう一つ特記しなければならないことがある。当時佐賀大学教育学部には、片岡先生の門下で広島大学教育学部大学院を出られた新富康央先生が居られた。新富先生にも教育センターでの講義をこれまた幾度もお願いし、片岡先生の「個を生かす集団づくり」論をわかり易く展開していただいた。

新富先生は「個を生かす集団づくり」について、「豆腐づくりよりも納豆づくりの精神で」と説かれた。見た目には美しいが豆を擂りつぶして型に嵌められた豆腐よりも、一粒一粒がまだ生きていて、しかも粘っこく結びついている納豆を、というのである。

この例え話は受講者にとって解かり易く「個を生かす集団づくり」の神髄だと私は思った。さらに、この例え話は片岡先生の「容認、支援、自律」の支持的風土づくり論に連なり、その論を広め深める効果を生んだ。

昭和五六年四月、私は八年ぶりに教育現場へ復帰した。赴任先は伊万里市立大川中学校。校区は炭鉱閉山後の農業を主体とする町はずれ。生徒数一五〇、学級数七の小規模校である。予想はしていたが、やはりここも徹底した「点検、追及、リコール」の生徒活動が行われていた。

赴任後、三週間後に事件は起きた。三年女子で生徒会生活委員会の委員長が同じ三年女子の一一人から集団リンチに遇ったのである。点検活動の厳しさと違反者への罰にえこひいきがひどいという理由。リンチを受けた女生徒は五日間登校しなかった。

私は片岡先生に手紙を書いた。片岡先生のご指導を受けたかったからである。先生からはすぐ長文の返事が来た。リンチ事件は逆にチャンスと捉え、「容認、支援、自律」の生徒会づくりを進めるように、という激励の言葉が溢れていた。

幸いに私は職員研修の担当であったので、生徒指導担当と協力してリンチ事件の収拾とこういう事件になぜなったかを検証した。職員研修では片岡先生の著書の輪読をし、「支持的風土」の大切さや「容認、支援、自律」の考え方を学習した。

最初に試みたのは、いままで不意打ちに実施していた所持品検査を予告制にしたことである。これを片岡先生に知らせたら、昭和五八年六月に明治図書発行「学校運営研究」にこの大川中の実践を紹介してくださった。

「ある中学（大川中のこと）の実践例である。どこでもよくやる生徒の所持品検査を、ここでは不意打ちではなく、あらかじめ予告しておいてやる、というのである。すぐに反論が起こるだろう。そんなことしたら検査してもみんなパスして、よくない人間をアゲルことができやしない。検査といったって有名無実になってしまう。アホラシ……。

そう、そのとおりである。おそらく一〇〇パーセント合格するだろう。だからこそよいではないか。その規律は生徒一人ひとりの心の中に生きて働くはずである。そのことを忘れない限り自分で考え、自分の良心をつくっていく。所持品検査は結果ではなくて、所持品を生徒らしくととのえる過程をこそ目ざしているのではないか。」

この片岡先生の支援メッセージとも言える一文は大川中の教師を勇気づけた。ここでは詳細は書けないが、その後大川中の生徒は、かつての「点検、追及、リコール」の活動から、「容認、支援、自律」の活動へと転換していった。その過程では幾たびとなく片岡先生の御教示と励ましを受けたのは言うまでもない。

この大川中の実践をぜひ一冊にまとめるようにと片岡先生に勧められ、昭和六〇年六月に『誰にも出番がある学校』(黎明書房)を刊行するに至った。片岡先生には懇切丁寧な身に余る序文をいただいた。

振りかえって、三十八年間の教職生活が意義あるものに終わったと思うのは、実に片岡徳雄先生の薫陶の賜ものであったと思う。ここに改めてお礼を申し上げ御冥福を祈る。

6　片岡徳雄先生の思い出

砂後典之（佐賀県）

「じゃあ、まずこの本『集団主義教育の批判』を読んでごらん。」昭和五六年の冬、私が大学二年生の終わりのことでした。その頃から師と仰いできた当時佐賀大学教育学部の新富康央先生からのお言葉で、初めて本書の編著者であった片岡徳雄先生のお名前を知りました。もう、四〇年近く前のことです。学生の私にとっては、本書の内容は難解で一向に読み進めることができず迷路に迷い込んだような気持ちになり落ち込んだのをよく覚えています。と同時に大きなショックだったのは、本書の価格でした。学生の私にとっては高価で購入するのを随分悩んだものでしたが、今でも大切に手元に持っています。

そのような中、他県に遅れてではありましたが、昭和五八年に、佐賀でも新富先生方のご尽力により「佐賀県集団学習研究協議会」が発足しました。私は、学生として裏方でお手伝いをさせていただきました。当時は、本協議会への風当たりが強く、会の発足をよろしく思わない者からの妨害行為が予想され緊張感に包まれた中での発足でした。

その後、新富先生の指導を受け「認め合い活動による学級集団づくり」のタイトルで卒業論文を書き上げました。卒論に取り組む中で、片岡先生が中心となって執筆された「学級づくりハンドブック」「仲間づくりと授業」等の書籍は、私の研究や教師となってからの教育実践のバイブルとなりました。

大学卒業後も、個集研に関わり続け、全国大会にも何回となく参加させていただきました。その度に片岡先生から直接お話を伺わせていただき、私自身の教育実践を振り返り、見直す機会にさせていただきました。

特に先生との思い出で心に強く残っているのは、広島大学にお邪魔させていただいた時のことです。新富先生と佐賀県個集研の小嶋一郎先生、古藤良春先生と教員になりたての若造であった私の四人で、先生に教えを請うために大学に出向きました。当時の広島大学は東広島への移転途中で、教育学部の学部長室から見たキャンパスは原野のようでした。学部長室でのご指導のあと先生から「これから佐賀に帰るのでしょう。もう少し時間があるようだから一緒に行きましょう。」とお誘いいただき、タクシーで到着したのは先生のご自宅でした。部屋に案内されると、すでにお連れ合いさんによる手料理が食卓に並んでおり、勧められるままに時間の許す限り杯を重ねたことを覚えています。

さらに、平成六年六月に京都大学を会場に開催された「日本子ども社会学会」に大学院生（現職教員大学院派遣）として参加させていただきました。学校現場でちょうど一〇年経験を積み、再び研究を深めたいと大学院に進んだものの、当時の私は学会がどのようなものなのかも分からない中、新富先生の強い勧めもあり参加しました。この程度の認識で参加したものですから、研究者の皆様が発表される内容を理解することができず、不甲斐ない思いに打ちひしがれました。

そのような時に個集研でご指導をいただいていた相原先生・南本先生・押谷先生などから、懇親会をするから参加しないかとお誘いいただきました。落ち込んでいた私は、遠慮することも忘れ図々しくも参加させていただきました。会場に入り末席に座っていると、会の始まる直前に真ん中に座っておられた片岡先生から「こちらに来なさい。」と手招きされ、テーブルを挟んで片岡先生の真正面に座ることになりました。さすがの私も、多くの大学の先生方を差し置いて先生の真正面に座ることを躊躇しましたが、若い者が気を遣わなくていいよとの先生の一声で、結局先生と相対して杯を傾ける機会を再び得ました。

いずれの機会でも、先生は私の話を実によく聞いてくださいました。教育実践に限らず私的なことまで含めてでした。学校教員でここまで先生と飲みながら話をした者はいないのではないかと思っていますし、私の自慢でもあります。

私は、実家から遠く離れて生活していましたので、失礼を承知の上で今だから言えることですが、先生と杯を交わしながら、遠く離れた父と酒を酌み交わしていたような気持ちになっていました。懐深く、父のように温かく私を受け入れてくださった片岡先生には、教育実践に対するご示唆をいただいただけでなく、人生の師としても様々なことを教えていただきました。本当に感謝の念しかありません。

先生のご冥福を心よりお祈りいたします。

（佐賀県個を生かし集団を育てる学習研究会第九代会長）

7　共同研究による緊張感の持続

伊東雄二（熊本県）

今、手元に平成六年二月十日（木）に開催された片岡徳雄教授最終講義次第と退官記念パーティの冊子があります。先生の最終講義の中で「研究の内面を深める」として「五つの対話」についてのお話があり、特に「共同研究による緊張感の持続」が強く印象に残っています。

思い返しますと、卒寿に至るまで個集研に関わらせていただいておりますが、始まりは菊鹿町内田小学校で当時の同僚、都田康弘先生との出会いにあり、授業での不易「個と集団の関わり」について深く学ぶことになりました。その折勤務校で管内の教育事務所主催の初任教師研修会があり、参加されたうちの六名の教師から「学ばせて」という申し出を受けて、私たち二人と八名で研究サークルを設立。昭和五四年熊本県個集研の誕生です。

しかし、翌年には定期異動で私は他郡に教頭として転出、幸い都田康弘先生は同じ町内の中学校へ転勤、当該校の校長先生を会長に都田康弘先生が事務局長になり、鹿本郡市を中心に関係者や賛同者により「小集団学習研究会」として発足、毎月土曜日の放課後に授業研究会を中心に組織研究に取り組みました。

一方、私は転出先で出会った当初の初任教師数名と研究サークルを作り、賛同者を募り県の研究助成を受けて研究を推進、三年後に山鹿市に帰任。昭和五六年に「熊本県小集団学習研究会」と組織拡大した中で研究推進に当たりました。

昭和五六年には末吉悌次先生と片岡徳雄先生にご来熊いただき、ご講演で個集研の基本理念や実践方法を学び、さらに翌年五七年には片岡徳雄先生に再びご講演をいただくなど直接ご指導をいただきました。そして、片岡徳雄先生のご著書を通して個集研の理論と実践方法について学び合いました。昭和五八年八月には、熊本県個集研発祥の地である山鹿市において参加会員七百余名による二泊三日の「個を生かす集団学習の理論と実践を学ぶ」第十回全国大会が開催されました。その会で私は「出会いと出番と対話を大事にする全員参加の小集団学習の授業への導入」を提案しました。

以来、今日まで研究会設立後四二年、毎年の熊本県研究大会での会員による実践報告を軸に、大学での個集研の研究者、学校現場での実践者を講師に共同研究が続いてきたこと、また四回もの熊本県内での全国大会の開催により、深く学んだり、毎月の例会において片岡徳雄先生の沢山のご著書のうち『学習集団を創る

――技術と理論』を参考書として共同研究を重ねたり、ある年は激しい風雨で停電の中で蝋燭を立て協議したりしながら、片岡徳雄先生から直接、あるいはご著書から「形より心」を「思いやりや励まし」を「多様性を育てる」そして「謙虚な心」など多くのことを学んだことが懐かしく思い出されます。

その結果、今日まで続く研究主題「自立と共生の教育の創造」の根幹ができ、熊本個集研の礎がしっかりと築かれ、「課題達成と同時に人間関係力を育てる」の実践研究が継続されてきました。また毎年の全国大会には会員の中から提案者を、助言者に都田康弘先生をお願いし、私も八回目に発表者、十回目に基本提案者、十三・十四回目に助言者として参加しました。大会参加後に報告会を開催して学び合ってきたことも思い出され、感慨一入です。

その成果を熊本個集研名で平成十四年（高旗正人先生監修）、十九年（相原次男先生監修）に黎明書房から出版させていただきました。平成十四年に全国個集研表彰（会長、高旗正人先生）をいただいたのもすべて片岡徳雄先生との出会いがあり、ご指導をいただいたからであり、「共同研究による緊張感の持続」による成果だと心より感謝いたしております。

片岡徳雄先生ありがとうございました。

心より先生のご冥福をお祈りいたします。

8　片岡徳雄先生を偲んで「自立と共生の心を育てる教育を求めて」

都田康弘（熊本県）

山鹿市の小学校勤務時代に久留米市の福岡教育大付属小学校での研究会に参加し、当時滋賀大教授の高旗正人先生の講演を伺いました。自分の実践してきたことと共感することが多く嬉しく思いました。その年の別府での全国大会に同僚と参加し意を強くしました。

その後、別の同僚（伊東雄二先生）が同じ思いでおられ、共に時の校長の後押しを受けて校内研究に生かしました。時を同じくして管内の教育事務所から初任者研修会の会場依頼を受けて、初任者たちに授業公開をしました。終了後、初任者たちから「学ばせて欲しい」と申し出があり、それなら、ということで「サークル研」を作りました。この後、同じ町の中学校に異動し、時の校長に強く後を押してもらい、学校を挙げて「個を生かす集団づくり」に取り組みました。全職員が会員となり、新採の小・中教員や近隣の賛同者が集い管内対象での「小集団学習研究会」を立ち上げました。昭和五四年のことです。土曜日の放課後に集い、授業研究会や実践発表会を開催しました。管内勤務から県下各地へ会員が異動して活動の域が広がりました。そのことで組織を「熊本県小集団学習研究会」として、県下全域から会員が集うことになりました。第一回目の県大会を山鹿市で開催し三〇〇余名の参加者を得ました。この時、末吉悌次先生と共に片岡先生に講演をしていただきました。翌年も片岡先生においでいただき講演していただきました。三五〇余名の参加者を得ました。このことから、本会発足四年後の昭和五八年に山鹿市で「第一〇回全国大会」を開催し全国各地から七〇〇余名の参加者を得て、盛会となりました。大会前日、片岡先生を囲む夕食会をしました。翌朝腹痛に悩まされましたが、何とか事務局長として大会を乗り切り、大会終了後急ぎ帰宅して床に就きました。後日、片岡先生に話をしたら、「自分も腹が痛かった。」と言われました。何がいけなかったか、今は懐かしい思い出です。

以後、片岡先生には教育行政に身を置いていた時においでいただき講演をしていただきました。その間片岡先生ゆかりの先生方に熊本においでを願い多くの示唆を含め温かく指導していただきました。会の事務局長を一〇年近く教頭になるまで長く務め、会員としての実践を積み重ねました。県教委をはじめ民間の数多くの出版社に実践記録を書かせていただき、各種の全国大会や研修会での発表、助言者、講師など数多くの経験をさせていただきました。「自立と共生の心を育てる学級、学年、学校づくり」を求めて、「確かな学力は支持的風土ある集団によって創られる」という信念のもと、「授業は人づくり」であることから「PM同時達成追求の授業づくり」を目指した確かな理論と実践は多くの成果を上げ、広く認めていただきました。ある時は研究主任として公開発表、ある時は教育行政として現場指導、管理職として「職員一人ひとりを生かす学校づくり」の取り組みは、すべて「個を生かす集団づくり」であり、生涯のライフワークとなりました。全て片岡先生の教えのおかげです。高知での全国大会の折、片岡先生に招かれて桂浜の桂松閣に出かけ、全国からの仲間と集ったことも懐かしい思い出です。個集研のおかげで全国各地に出かけ、多くの知己を得ることもできました。たくさんのよき仲間に恵まれ、公立在職中に三回の全国大会を（事務局長、大会委員長、会長として）山鹿の地で開催することができました。公立退職後、本県で四回目の全国大会を山鹿で開きましたが、その折、時の全国個集研の会長さんであった新富康央先生から「感謝状」をいただきました。また昨年度、本支部が担当しての五回目の全国大会を熊本市で後輩たちが開催してくれました。昭和五四年に起こした本会が今でも脈々と継続して活動していることを嬉しく思っています。世の中がＡＩやデジタル時代といわれるようになってきていますが、不易のことは「人づくり」です。「一人ひとりが生き、生かされ、集団も生きる世の中であってほしい」ことへの願いは変わることはありません。「自立と共生の心を育てる教育を」という片岡先生の教えを若い先生方が受け継いでいくことを切に願っています。

また、片岡先生が広島大を退官される時に、記念講義を伺いに初めて東広島市にある広島大学に出かけました。中学校教頭時代の教え子が今広島大の准教授をしています。昔、高校教師をしていた叔父が広島高等師範学校出身であり、自分も広島大学へ行きたいと思ったことがありました。父や祖父が熊本師範で学んだこともあり地元の大学に進みましたが、広島大に進んでいたらもっと早く片岡先生に出会っていたかもしれません。そんな思いもしています。

私自身は教職生活の大半を中学校英語教師として過ごし、会を起こした小学校で三年、中学校教頭三年、教育行政三年、中学校長を一〇年経験しました。この間、母校の熊本大学へは十二年間、年数回講義にでかけました。公立退職後、熊本市内の私立校（中・高）に勤務し、まだ現場に立っています。おかげで、小・中・高・大と教職生活を経験することができました。担任としては、「どの子にも出番を、光を」、「どの子もリーダーとフォロワーの両方の学びを」を心がけました。教科担任としては「小集団学習」を授業に生かし、「個の自立を求めながら集団としての高まり」を目指し、学力の向上に努めました。指導の根幹は、片岡先生に学んだ理論と実践です。「三つの力（指導力、管理力、訓育力）」と「四つの心（明るさ、温かさ、細やかさ、謙虚さ）」を肝に銘じてきました。今、再び一教師として教職生活五一年目を走行中です。片岡先生には教師人生を送る上での確たる信念を本当に教えていただいたと感謝しています。心より先生のご冥福をお祈りします。

「出会いは誰にでもできるが、別れるときに本当の出会いだったのかがわかる」多謝！

（熊本県個集研第十代会長、文徳学園文徳中学校参与）

9　片岡先生の思い出

武馬久仁裕（黎明書房社長）

片岡先生には、よく怒られました。理由は、本の制作の遅れです。よく覚えているのは、全集研編集の定期刊行物『仲間づくりと授業』の創刊号の時です。電話で非常にきつく叱責されました。「どうなっているのか」と。実際、あの時は、家に帰っても動揺収まらず、いつもより多めのビールを飲んだことを覚えています。

しかし、先生とのお付き合いは、楽しいことの方が多くありました。『全員参加の学級づくりハンドブック』が出た時です。広大のあの天井の高い旧研究室でのことだったと思います。本のカバーの裏に書かれた本書の宣伝文の最後にある「新任の先生も、ベテランの先生も、この一冊あれば、学級担任として、すぐに楽しい学級づくりができることうけあいといえよう。」の「できることうけあいといえよう。」を読まれ、ジャーナリストの手にかかると、こんなふうになると、愉快そうにお傍におられた方におっしゃったのです。

実は、この宣伝文、私が、片岡先生の書かれた本書の「まえがき」を恐れ多くも換骨奪胎して書いたものだったのです。片岡先生の原文は、「この一冊さえあれば、学級担任としてなんとかなる。そういう『ハウツウ』ものを書いてみよう、ということになった。」でした。

仕事の打ち合わせが一通り終わりますと、いつも街へ出て一杯です。超多忙の先生にもかかわらず、広大に伺った時は、夜遅くまでお付き合いいただきました。一度など、酔っぱらって、タクシーの前に飛び出した私の手を引いてくださり、危く命拾いをいたしました。「危ない！」というお声が今も、聞こえます。確か次の日は、青い顔をして、附属小学校に伺いました。このようなことは覚えていますが、杯を傾けながらいったい何をお話ししたかよく覚えていません。楽しい時の話は、そんなものかもしれません。

この度の『片岡徳雄、その仕事―学校教育と文芸への思い』の原稿を拝読して、不明を恥じなければならないことが二つありました。ともに広大の旧研究室でのことです。

一つは、先生から、「石童丸を知っているかね？」と尋ねられ、あやふやなご返事をしたことです。これはだめだと思われたのでしょう、それ以後、話題にされることはありませんでした。なぜ、先生はこんなことを尋ねられたのか不思議でした。それが、須田先生の「文芸の教育社会学にかかる解題」の原稿を拝読していて、ああ、それで、石童丸のことを言われたのだなと、合点が行きました。先生が古典大衆芸能の親子関係を研究対象として、「文芸の教育社会学」を打ち立てようとされていたことなど思いもよりませんでした。

もう一つは、『片岡徳雄の授業』という本はいかがでしょうとお尋ねしたことです。あっさり、無理だねと言われました。やっぱり無理かなと思い、話は、その場で終わりました。それが、高旗浩志先生の「学恩」を拝読していて、片岡先生が三十代のころ自らの仮説を実証すべく小学校五年生の授業を三十時間近く実際にやられたとあり、驚きました。安易な気持ちで申し上げたのが、今になって恥ずかしくなりました。しかも、そのことは黎明書房刊の『授業の人間関係』（一九六三年）に詳しく書かれていたのです。

片岡先生との思い出は、私の宝です。その宝の一端を述べさせていただきました。

IV 片岡徳雄先生の主要業績目録

片岡徳雄先生　ご経歴

氏　名　片岡　徳雄（かたおか とくお）
昭和六年二月六日生

本　籍　高知県

学　歴
昭和二四年　六月　広島大学教育学部教育学科入学
昭和二八年　三月　同学部同学科卒業
昭和二八年　五月　広島大学大学院教育学研究科教育学専攻入学
昭和三〇年　三月　同研究科修士課程修了
昭和三四年　三月　同研究科博士課程単位修得退学
昭和三七年　二月　教育学博士（広島大学）

職　歴
昭和三四年　四月　大阪府教育委員会事務局職員（教育研究所勤務）
昭和三七年一一月　文部事務官文部省調査局調査課
昭和三九年　二月　文部教官国立教育研究所研究調査部
昭和四二年　四月　広島大学助教授（教育学部福山分校）

昭和四八年　四月　広島大学助教授（教育学部）
昭和五六年　四月　広島大学教授（教育学部）
昭和五八年　四月　放送大学学園客員教授
昭和六二年　四月　広島大学評議員
平成　元年　四月　広島大学教育学部長（平成三年三月まで）
平成　六年　三月　広島大学停年退官
平成　六年　四月　広島経済大学教授（経済学部）、広島大学名誉教授
平成　九年　四月　土佐女子短期大学学長（平成一六年三月まで）

学会役員および社会における活動

日本教育学会理事（昭和六一 - 平成七年）
中国四国教育学会会長（平成二 - 四年）
日本教育社会学会理事（昭和四九 - 平成二年、平成五 - 六年）
日本カリキュラム学会理事（平成二 - 八年）
日本特別活動学会理事（平成六年 - 九年）
日本子ども社会学会会長（平成九 - 十一年、代表理事平成六 - 八年）
（文部省）社会教育審議会臨時委員（昭和四一年八月 - 四二年三月）
（文部省）小学校・中学校及び高等学校の学習指導要領の改善に関する調査研究協力者（小学校特別活動）

（昭和六一年四月－六二年三月）
（文部省）道徳教育推進指導資料作成協力者（平成五年四月－六年三月）
（国　立）学位授与機構審査会専門委員（平成四年二月）
（広島県）高等学校の教育実践に関する研究協力者会議協力者（昭和五三年六月－五四年三月）
（広島県）高等学校教育問題検討会議副委員長（昭和六〇年七月－六一年三月）
（広島県）新設高校整備検討委員会委員長（平成四年七月－一二月）
（民間研究団体、全国）
全国集団学習研究協議会会長（昭和六三年－平成五年）
個を生かし集団を育てる学習研究協議会会長（平成六－七年）

片岡徳雄先生　著書・編著一覧

・片岡徳雄『テレビっ子の教育』（黎明書房、一九六二年）
・片岡徳雄『授業の人間関係』（黎明書房、一九六三年）
・片岡徳雄『集団学習入門』（明治図書、一九六五年）
・宇野登、片岡徳雄、藤本浩之輔『子どもの世界』（三一書房、一九六六年）
・日本教育社会学会編『教職社会学辞典』（編集委員、東洋館出版社、一九六七年）
・片岡徳雄、森しげる『放送学習集団』（黎明書房、一九六八年）
・片岡徳雄、黒部市立桜井中学校『小集団による授業改造』（黎明書房、一九七〇年）
・末吉悌次、片岡徳雄編『講座　自主学習』（一～四巻）（黎明書房、一九七〇年）

・片岡徳雄『学習集団を創る：技術と理論』（黎明書房、一九七一年）
・片岡徳雄、山本明子『映像による授業：ビデオと放送学習』（黎明書房、一九七一年）
・片岡徳雄『支持的学習集団の形成』（明治図書、一九七四年）
・片岡徳雄編著『集団主義教育の批判』（黎明書房、一九七五年）
・新堀通也、片岡徳雄編著『名著による教育原理』（ぎょうせい、一九七五年）
・片岡徳雄編『小集団学習の機能別実践法』（明治図書、一九七五年）
・片岡徳雄編著『個を生かす集団づくり』（黎明書房、一九七六年）
・新堀通也、片岡徳雄編『教育社会学原論』（福村出版、一九七七年）
・片岡徳雄『学級集団の経営：個の自由を求めて』（ぎょうせい、一九七九年）
・片岡徳雄、南本長穂『競争と協同：その教育的調和をめざして』（黎明書房、一九七九年）
・片岡徳雄編著『学校子ども文化の創造』（金子書房、一九七九年）
・片岡徳雄『学習集団の構造：その人間関係的考察』（黎明書房、一九七九年）
・片岡徳雄、住岡英毅『視る・集まる・学ぶ：テレビ学習から地域づくりへ』（日本放送出版協会、一九八一年）
・片岡徳雄編著『全員参加の学級づくりハンドブック』（黎明書房、一九八一年）
・片岡徳雄、広島大学附属三原中学校『学級活性化のための表現活動』（黎明書房、一九八一年）
・片岡徳雄編著『劇表現を教育に生かす』（玉川大学出版部、一九八二年）
・末吉悌次監修、片岡徳雄、大玉一實編著『講座　個を生かす小集団学習の授業　1そなえる』（黎明書房、一九八二年）
・片岡徳雄『いま、教育を問う：高知の現実を手がかりに』（黎明書房、一九八二年）
・片岡徳雄、倉田侃司『全員参加の授業づくりハンドブック』（黎明書房、一九八四年）
・片岡徳雄、高萩保治編著『情操の教育』（放送大学教育振興会、一九八五年）

・片岡徳雄監修『個を生かす集団指導実践大系』（一巻―一八巻）（教育出版センター、一九八六年）
・片岡徳雄、南本長穂『一人一役の学級づくり・授業づくり』（黎明書房、一九八六年）
・片岡徳雄、高旗正人、倉田侃司編著『血の通う学習指導案づくり』（学校改善実践全集六巻、新井郁男他総合企画・編集）（ぎょうせい、一九八六年）
・日本教育社会学会編『新教育社会学辞典』（編集委員、東洋館出版社、一九八六年）
・片岡徳雄『学習と指導：教室の社会学』（放送大学教育振興会、一九八七年）
・片岡徳雄、高旗正人編著『全員参加の学級・学校行事づくりハンドブック』（黎明書房、一九八七年）
・片岡徳雄編著『教科書の社会学的研究』（福村出版、一九八七年）
・片岡徳雄他編、雑誌『仲間づくりと授業』（一巻―一〇巻）（黎明書房、一九八三―一九八七年）
・片岡徳雄『日本的親子観をさぐる：「さんせう太夫」から「忠臣蔵」まで』（ＮＨＫブックス五五三）（日本放送出版協会、一九八八年）
・片岡徳雄、高萩保治編著『情操の教育：遊び、読み物、音楽を通して』（放送大学教育振興会、一九八九年）
・片岡徳雄編『教育社会学』（教育科学講座第四巻）（福村出版、一九八九年）
・片岡徳雄『日本人の親子像：古典大衆芸能にみる』（東洋館出版社、一九八九年）
・片岡徳雄、喜多村和之編『大学授業の研究』（玉川大学出版部、一九八九年）
・片岡徳雄編著『教師と子どもの間：子どもを伸ばす教師』（シリーズ・教育の間第三巻）（ぎょうせい、一九九〇年）
・片岡徳雄監修『学年別全員参加の学級・授業づくりハンドブック』（一巻―三巻）（黎明書房、一九九〇―一九九一年）
・片岡徳雄編『特別活動論』（教職科学講座第一四巻）（福村出版、一九九〇年）
・片岡徳雄『子どもの感性を育む』（ＮＨＫブックス六〇三）（日本放送出版協会、一九九〇年）
・片岡徳雄、山崎博敏編『広島高師文理大の社会的軌跡』（広島地域社会研究センター、一九九〇年）
・片岡徳雄『個を生かす学級を育てる先生』（先生シリーズ一二）（図書文化社、一九九一年）

・片岡徳雄編著『授業の名言』(黎明書房、一九九二年)
・片岡徳雄『四谷怪談の女たち：子殺しの系譜』(小学館ライブラリー四一)(小学館、一九九三年)
・片岡徳雄(賀暁星訳)『班級社会学』(北京教育出版社、一九九三年)
・片岡徳雄編『現代学校教育の社会学』(福村出版、一九九四年)
・片岡徳雄『個性と教育：脱偏差値教育への展望』(小学館、一九九四年)
・片岡徳雄編『文芸の教育社会学』(福村出版、一九九四年)
・片岡徳雄編著『「いじめ」のない中学校をつくる：学級づくり・授業づくりの実際』(黎明書房、一九九五年)
・片岡徳雄『個性を開く教育』(黎明書房、一九九六年)
・片岡徳雄『いきいき生きる：親と子に語る』(高知新聞社、一九九六年)
・片岡徳雄、高旗正人監修、相原次男他編著『子どもの個性を開くストラテジー：実践講座』(一巻-三巻)(黎明書房、一九九七年)
・片岡徳雄『心を育て感性を生かす』(黎明書房、一九九八年)
・片岡徳雄『いま、子どもと本を楽しもう：感性と心育ての読書法』(北大路書房、二〇〇一年)

編集後記

片岡徳雄先生が令和二年二月二八日にお亡くなりになってから、二年の月日が経とうとしています。新型コロナウイルスが収まらないなか、三回忌までに、先生から生前に受けた学恩に対してなにがしかの形で感謝の気持ちをお伝えしたいと思っておりました。最初に、追悼集の話が持ち上がったのが、令和二年九月のことでした。押谷由夫先生の勤務する武庫川女子大学に山崎博敏先生と須田の三名が集まり、どのようにこの事業を進めるかの話し合いを持ちました。その後、修了生・卒業生、全国個を生かし集団を育てる学習研究協議会の会員の皆様、黎明書房社長武馬久仁裕様をはじめとする多くの皆様のご協力を得て、今回、このような形で、追悼集を出版することができました。出版にご協力、ご尽力くださった皆様に、改めて厚くお礼申し上げます。

追悼集にかかわる原稿を執筆する過程で、四〇年前に学部学生時代に受けた片岡先生の授業の講義ノートを読み返しました。「教育社会学」（二年次：昭和五七年前期）、「学校社会学」（三年次：昭和五八年前期）、「教育社会学特講」（三年次：昭和五八年後期）の講義ノートです。私のノートは、ほとんど先生が書かれた板書を書き写したようなものにすぎないのですが、それでも、講義ノートをみていると、当時の授業の様子が思い浮かんできます。学部三年生の「学校社会学」の一コマで、「六章 文学と情操」という講義がありました。先生は、授業の後半に、太宰治作「走れメロス」を資料として提示され、これを読み、心に残った一文を取りだしその理由を書くよう指示されました。次の授業で、先生がまとめられた資料をもとに、「文学と情操」の関係を解説されたと記憶しています。先生が配られた資料には、「S.58.6.T.K.」と日付と先生のイニシャルが記されています。感想のタイプは三つあり、A型は、ストーリーを素直に捉えているタイプで、例えば、「信じられているから走るのだ。」に類する一文を取り上げているタイプです。私は、A型にあたる文章を取り出していました。B型は、人間の弱さを捉えたタイプで、例えば、「ああ、もういっそ、悪徳者として生き伸びてやろうか。」に代表されるタイプです。C型は、文学教育で取り扱われなければならないもので、読者の感覚に訴えるきびきびした文体などがこれにあたります。例えば、「初夏、満天の星である。」「ふと耳に、潺々、水の流れる音が聞こえた。」「メロスは胸の張り裂ける思いで、赤く大きい夕日ばかりを見つめていた。」があります。解説のなかで、先生は、「初夏、満天の星」「水の流れる音」「赤く大きい夕日」というこうした言葉のなかに、人間の想像を掻き立てる力があり、これが物語全体の構想のなかにうまく仕組まれていると話されました。文学教育にあっては、作者の意図を推測することだけに重きを置くのではなくて、読者の関心にそった自由な読みがあってよく、読者は言語表現の巧みさによって物語に引き込まれることを味わってほしいと話されました。この時、私は、物語の読み方というものを改めて知った思いがしました。

今回、この本に掲載されている片岡先生が執筆されている三つのご業績、「学習集団づくりの技術」「マスコミと文芸」「個性とは――よさに向かうこと」を読み直す機会を得ました。いずれの作品も、短文で的確に表現されていること、テンポがよいこと、論拠を明確にしてご自身の考えを述べられていることを再認識しました。先生の議論の独自性がどこにあるのかを、他の論者の主張に目配りしながらうまく腑分けし、重要なポイントをしっかりおさえるという構想力と表現力の巧みさに、改めて感銘を受けた次第です。

先生に教えていただいた、本の読み方、文章の書き方、研究に対する姿勢がどこまで身についているか甚だ心許ないところではありますが、先生が大事にされた、「学校教育と文芸への思い」は必ず皆で引き継いで参りたいと思います。本当にありがとうございました。心より感謝申し上げます。

須田康之

執筆者一覧（第Ⅲ部執筆順）

大学院教え子等

原田　彰　　広島大学名誉教授
髙旗正人　　岡山大学名誉教授
倉田侃司　　元広島経済大学・広島文教女子大学教授
相原次男　　山口県立大学名誉教授・元宇部フロンティア大学理事長
田中享胤　　岐阜聖徳学園大学短期大学部教授・兵庫教育大学名誉教授
新富康央　　佐賀大学名誉教授・國學院大学名誉教授
南本長穂　　京都文教大学教授
押谷由夫　　武庫川女子大学教授
河野員博　　県立広島大学名誉教授
加野芳正　　香川短期大学学長・香川大学名誉教授
山崎博敏　　兵庫大学教授・広島大学名誉教授
村上光朗　　鹿児島国際大学教授
村上登司文　京都教育大学名誉教授
太田佳光　　岡山商科大学教授・愛媛大学名誉教授
菊井高雄　　宮崎大学医学部非常勤講師
浦田広朗　　桜美林大学教授
島田博司　　甲南女子大学教授
大膳　司　　広島大学教授
須田康之　　兵庫教育大学理事・副学長
呉　康寧　　南京師範大学教授
賀　暁星　　南京大学社会学院教授
安東由則　　武庫川女子大学教授
髙旗浩志　　岡山大学教授
伊藤一統　　宇部フロンティア大学短期大学部教授
古賀一博　　福山平成大学教授・広島大学名誉教授
堺　正之　　九州女子大学教授・福岡教育大学名誉教授

個集研・全集研他

野本　翼　　新潟県個を生かし集団を育てる学習研究会
末重文夫　　元広島集団学習研究協議会
中山澄子　　山口県個を生かし集団を育てる学習研究会
宇都宮正男　愛媛集団学習研究協議会初代事務局長
窪田博継　　愛媛集団学習研究協議会第二代事務局長
遠藤敏朗　　愛媛集団学習研究協議会第十一代会長・愛媛大学教授
小嶋一郎　　佐賀県個を生かし集団を育てる学習研究会第二代会長
砂後典之　　佐賀県個を生かし集団を育てる学習研究会第九代会長
伊東雄二　　熊本県個を生かし集団を育てる学習研究会第五代会長
都田康弘　　熊本県個を生かし集団を育てる学習研究会第十代会長・文徳学園文徳中学校参与
武馬久仁裕　株式会社黎明書房社長

編著者

片岡徳雄先生追悼出版物刊行委員会

片岡徳雄《かたおかとくお》、その仕事《しごと》——学校教育《がっこうきょういく》と文芸《ぶんげい》への思《おも》い

2022 年 8 月 10 日　初版発行

編著者　片岡徳雄先生追悼《かたおかとくおせんせいついとう》出版物刊行委員会《しゅっぱんぶつかんこういいんかい》

発行者　武 馬 久 仁 裕

印　刷　株式会社太洋社

製　本　株式会社渋谷文泉閣

発 行 所　株式会社 黎《れい》 明《めい》 書《しょ》 房《ぼう》

〒 460-0002　名古屋市中区丸の内 3-6-27　EBS ビル

☎ 052-962-3045　FAX 052-951-9065　振替・00880-1-59001

〒 101-0047　東京連絡所・千代田区内神田 1-4-9　松苗ビル 4 階

☎ 03-3268-3470

落丁本・乱丁本はお取替えします。

ISBN978-4-654-02377-6